介護・看護の臨床に生かす

知っておきたい
心のしくみ

発達とコミュニケーションの心理学

岡林春雄 著

金子書房

はじめに

　今，わたしたちの社会は少子高齢化に向かっています。とくに，高齢化の問題は税制度を含め，介護・看護のあり方を根本的に見直さないといけない状況をもたらしています。また，わたしたちの社会は，メディアの技術的発展にともなって，遠くの国で起こった出来事がインターネットなどで瞬時に世界中に伝わるといったボーダーレスな状態を生み出した一方，家族間で話をするときに（同じ家にいるのに）携帯メールを使い，友だちどうしでも直接会わずにメディア機器を使う人がいるように，対人関係が表面的になり，ボーダーができていると感じる人も増えているでしょう。「KY（空気が読めない）」などという言葉が流行すること自体，対人関係がしっくりいっていない人が多くなった，ということではないでしょうか。そして，「自分自身がよくわからない」という人が多くなっていることは気になります。自分自身のことがすべてわかっている人はいませんが，近年，20歳前後の人から聞く「自分自身のことがわからない」という言葉は，従来とはまったく次元が違っています。「友だちから『明日，遊びに行こう』といわれても，自分は行きたいのかどうかわからないし，どう反応してよいのかわからないのであいまいな返事をしていると，その場の雰囲気でわたしのことなんか無視されて，話が進んでいる」とか，「買い物に行って，友だちに『これ似合うよ』といわれ，自分は別にほしくなかったのに買ってしまった」など。自分がない，ということをいいたいのでしょうか。その一方で，「自分は，絶対これでないといけない」というようにいい張る人もいて，極端な言動の中で，両極端が交わらず，人間関係が平行状態でいるような不思議な空間が，わたしたちのまわりにはできているような気がします。

　とくに，若者たちと接していて気になるのは，「思い込み」です。「他者（親，友だち）は結局，自分のことをわかってくれない」，「あの人はわたしのことを嫌いに違いない」，「世の中は不公平だ（アイツは大学に受かって，オレ

は落ちた)」,「希望大学を落ち,教師・親にいわれたからここ(専門学校,今の大学)にいるだけでやる気なし(責任は教師と親にある)」,「親は自分の都合だけで,子どもにいろいろ押し付ける」,「制度は利用すべきで,金がもらえれば後は知らない」,「高齢者は,自分のことが自分でできないかわいそうな人たちだ」。意図的に事象をねじ曲げた「思い込み」もありますが,無意識的にそう信じてしまう「思い込み」もあります。今,わたしたちには気づきが必要です。そして,気づきには,それなりの知識と体験が必要なのです。つまり,心のしくみをわたしたち自身が知ることが重要なのです。

　本書では,心のしくみを発達とコミュニケーションからとらえてみたいと思います。自分自身と向き合う際,他者と接する際,発達とコミュニケーションからなる心のしくみを理解し,気づきに役立ててもらえれば幸いです。わたしたちはとりもなおさず,人間であり,人の間で生きていますので,心のしくみを知り,今後に役立てていただきたいと思います。

岡林　春雄

目　　次

はじめに……………………………………………………ⅰ

第1部　発達には成長と衰退がともなう

1章　発達とは……………………………………………3
1. 発達には成長と衰退の両側面がある　*3*
2. 発達には個人差がある　*5*
3. 一般的な発達段階を考えてみよう　*6*
4. 高齢者も青年だった，若者も歳をとっていく　*16*

2章　人間は一生涯をかけて発達する……………………19
1. 心身相関　*19*
2. 生きるためのエネルギー　*20*
3. 人生の目標　*21*
4. パーソナリティは変容する　*23*

3章　発達と学習…………………………………………27
1. 認知の発達と自我の発達　*27*
2. 学習理論　*35*
3. 発達により学習は可能になり，学習により発達は促進される　*38*
4. 高齢者の生活・行動と心理　*41*

第2部 コミュニケーションは相互作用

4章 コミュニケーションとは……………………51
1. コミュニケーションの定義と概念　51
2. コミュニケーションの原型　53
3. コミュニケーションの重要性　55
4. フィードバックせよ　56
5. ラポールを成立させよ　57

5章 コミュニケーションによって伝達されるもの………59
1. 情　　報　59
2. 感　　情　61
3. 人間の情報処理システム　61
4. コミュニケーションのゆがみ　63
5. コミュニケーションは相互作用を大切に　65
6. 若者のコミュニケーション　67
7. コミュニケーションはすべての基礎　69

第3部 心のしくみを知って，そして応用を！

6章 コミュニケーション能力を高めよう………………73
―― スピーチを通してのトレーニング ――
1. 話し上手は聞き上手　73
2. 自己主張スキルと傾聴スキル　73
3. 受容，共感的理解からラポールの成立へ　74
4. スピーチの実践　75
5. データ処理とレジュメの作成　75
6. フィードバック　80

7章 認知症高齢者は若者とのかかわりによってどのように変容するか ── 対人関係の稀薄な若者との相互作用を目指して ── ·················· 83

1. 認知症の定義と種類　*83*
2. ADL から QOL へ　*85*
3. 現代社会の中では，高齢者も孤立しており，若者も孤立している　*87*
4. かかわりの創造に向けて　*88*
5. 手　　順　*88*
6. 観察時のユニット状況概観　*90*
7. 結果と考察　*92*
8. 討　　論　*109*

8章 心理学の知見を応用しよう ·················· 114

1. 五感をしっかり使おう　*114*
2. 臨床心理学からの提言　*117*
3. いやしについて　*124*
4. 社会臨床という考え方　*125*

第4部　心のしくみを構造化し，試験問題を解いてみよう！

9章 国家試験に向けて ·················· 131

1. 心理学理論の流れ　*131*
2. 心理学の理論と分野のかかわり　*141*
3. 認知症高齢者に関して　*143*
4. 老化（aging）と認知症　*146*

10章 試験問題 ·················· 152

1. 看護師国家試験　*152*

2. 介護福祉士国家試験　*158*
  3. 社会福祉士国家試験，精神保健福祉士国家試験　*160*
  4. 心理学大学院入学試験，公務員試験　*164*
  5. ランダム問題　*167*

情報ボックス

- 1-1　生涯発達心理学　*15*
- 2-1　パーソナリティのとらえ方　*25*
- 3-1　対象物の永続性，象徴（シンボル）機能，アニミズム，自己中心性・中心化　*30*
- 3-2　保存の概念　*31*
- 3-3　回想法，リアリティ・オリエンテーション　*42*
- 3-4　結晶性知能と流動性知能　*44*
- 4-1　符号化（エンコーディング，encoding）と解読化（デコーディング，decoding）　*52*
- 5-1　スキーマ（Schema）　*64*
- 6-1　データ処理　*79*
- 7-1　ウェルビーイング　*85*
- 8-1　パーソナリティ検査　*115*
- 8-2　森田療法　*118*
- 9-1　加齢によるもの忘れと認知症の記憶障害　*147*
- 9-2　アルツハイマー型認知症，脳血管性認知症，レビー小体型認知症　*150*
- 10-1　知識の構造化の例：「心理検査の種類」　*165*
- 10-2　人名と用語確認　*174*

あとがき……………………………………………*176*
参考文献……………………………………………*179*
人名索引……………………………………………*185*
事項索引……………………………………………*188*

第1部
発達には成長と衰退がともなう

誰もが歳をとっていく。
高齢者もかつては若者だった。
自明のことが理解されていない
現在(いま)。

春霞の中の桃源郷(撮影地,山梨・御坂)
―― さあ,目標に向かって頑張りましょう

1 章

発達とは

1．発達には成長と衰退の両側面がある

　発達というと，すぐに，赤ちゃんがハイハイを始め，つかまり立ち，直立歩行が可能になり，大きくなるにつれて走るのも速くなる，といった**成長**を思い浮かべるでしょう。それは間違いではありませんが，それだけでは，発達をとらえたとはいえません。発達には，もうひとつの側面があるのです。**衰退**という側面です。発達に衰退という側面が入るのか？——といぶかる人もいると思いますが，この衰退という側面を無視して人間，いいえ，生き物といってよいでしょう，すべての生きとし生けるものの生涯を語ることはできないのです。

　『広辞苑』（第六版：電子辞書 SR-A10001M）で「発達」という言葉をみてみましょう。

　① 　生体が発育して完全な形態に近づくこと。「筋肉の—」
　② 　進歩してよりすぐれた段階に向かうこと。規模が大きくなること。「産業の—」「—した低気圧」
　③ 　［心］個体が時間経過に伴ってその心的・身体的機能を変えてゆく過程。遺伝と環境とを要因として展開する。

このように（③を注目してください），心理学では，時間的経過に伴って個体の心的・身体的機能が変容していく過程を発達といっており，元来，成長・衰退といった方向性をもって，こちらは発達だけれどこちらは発達ではない，といった選択はしていません。おそらく，一般社会では，②の「よりすぐれ

た」「規模が大きくなる」といった部分をとらえ，解釈してきたということがいえるでしょう。

　この「よりすぐれた」という言葉についても，近年，深く考えなければならない報告が運動発達や脳科学の研究から出てきています。例えば，「リーチング（手伸ばし）」行動の発達です。難しいことではありません。赤ちゃんは，自分の目の前のもの（おもちゃ，食器，何でも）をつかもうとしますね。はじめからうまくつかめますか？　赤ちゃんは，はじめはうまくつかめません。目と手の協応動作がうまくできないので，自分が見て，こっちに手を伸ばそうとしているのに，手がそちらに動いてくれないのです。

　赤ちゃんが手を伸ばそうとすると，やさしい（そして，忙しい）お母さんは，このおもちゃがほしいのだな，と察して，おもちゃを引き寄せてくれます。また，食器であれば，食器の中身をこぼされたら困るので，さっとのけたりしますね。つまり，赤ちゃんははじめのうちは，物に手を伸ばすのにそれだけ（お母さんが対応できるだけ）時間がかかっているのです。しかし，そのうち，お母さんが気づいたとき，あっという間に赤ちゃんはおもちゃを手に入れていたり，食器をひっくりかえしていたりします。たしかに，赤ちゃんの発達のスピードは速いといえます。

　この赤ちゃんのリーチング行動の発達をじっくり研究した人がいます。テーレン（Ester Thelen：1941～2004）という女性の心理学者です。テーレンは，いろいろな赤ちゃんの手伸ばしの角度やスピードを解析していますが，うまくいったリーチング（ものが取れた），うまくいかなかったリーチング（ものが取れなかった）の比較などをおこないながら，赤ちゃんは本来もっているいくつもの筋をすべて自由に使うことはせずに，制約をかけることによって，残りの筋でものをつかむという行動を成立させ，なおかつ時間も短縮するということを見いだしました（Thelen, Corbetta, & Spencer, 1996 など）。よく考えてみれば，人間には右手と左手があります。しかし，利き手があるのです。右手も左手も使えるようにしておけば，便利ではないのでしょうか。実は，そうではないのです。人間の発達では，どちらかを主に使うことによって，発達が促進されるのです。テーレンの研究は，制約をかけることによって発達を促進するという，従来の発達観を覆す，新しい発達観を提出したの

です。
　制約をかけるということは，どういうことなのでしょうか。使わないということです。実は，わたしたち人間の脳細胞は，かなりの数が使われていません。使われていない細胞や筋は衰退します。そこで気づきますね。最初の「発達には，成長と衰退の両側面がある」という話。衰退は，歳をとり，歩けなくなる，目が見えなくなる，…といった感じだけでとらえていたでしょう。衰退は赤ちゃんの時期から，表面的には表れていませんが，始まっているのです。発達は，成長と衰退が混在して，揺れをともないながら出現してくる現象なのですね。逆にいえば，歳をとり，衰退が表面に出てきているようにみえても，内面では成長が進行を続けていると考えられるのです。当然，その成長には，生活習慣をともなう努力が必要です。赤ちゃんだってリーチングの努力をしているのです。そして，高齢者だって頑張っているのです。若者だって生活習慣として頭を使い，身体を使う努力くらいはしてよいでしょう。

2．発達には個人差がある

　発達には，個人差がある。当たり前だと思っている人は多いでしょう。文字だけみれば，当たり前だと思う人も，実生活では違った感覚でとらえていることが多いのです。例えば，子育て中のお母さん（お父さん）。最近，育児に非常に熱心なお母さんと，育児などどうでもよいと関知しないお母さん，の両極端に分かれてきているので心配なのですが——その話はさておき，育児に熱心なお母さんでしっかり育児書を読んでいる人がいらっしゃいます。そのような人が，「うちの子は3歳になったのに○○ができない。発達が遅れているのではないでしょうか」といった相談にいらっしゃいます。たしかに，育児書には何歳になったら○○ができるなどのことが書かれています。本書でも，発達段階に応じて，このような課題がある，といったことを次の節でまとめようと思っていますが，あくまでもそれは，目安です。ハイハイし始めの時期，歩行開始の時期，言葉の出現の時期，また，50ｍ走のピークの時期，車の運転がおぼつかなくなる時期，それぞれに環境と個体の兼ね合わせ

があり，人によって時期が異なっているのです。

　例えば，直立歩行開始の時期は，従来，生後10カ月から1歳半ころまでとかなりの幅をもって考えられてきました。鶴崎・穐山・田原（1996）の調査では，歩行開始時期は生後7カ月から18カ月にかけて，ピークは12カ月，95％通過は女児15カ月，男児17カ月と報告されており，他の調査でも従来いわれてきた時期より歩行開始時期は早くなっていると考えられます。その理由として，狭い住宅環境の中で十分なハイハイのスペースがなく，すぐぶつかってしまい，つかまり立ちをするので直立歩行開始が早くなるのだといわれています。狭い住宅環境が影響するという指摘ですが，ある部分の発達が早まるということは必ずしもよいことではなく，逆に，歩行開始前のハイハイなどで内臓や手足の筋力を鍛える時間が少なくなるのは，発達の全体像としては問題です。つまり，近年，赤ちゃんの直立歩行開始時期は早まっていますが，小学校，中学校の時期に簡単に骨折する（学校の朝礼台から飛び降りただけで骨を折る）児童・生徒が増えているのです。これは，赤ちゃんの時期にしっかりハイハイをして背筋などを鍛えていないのがひとつの原因ではないか（ほかにカルシウム不足などの食事の問題もある）といわれています。しっかり，発達の段階に合わせてやるべきことをやっておかず，急いで次の段階に行っても基本ができていないと，崩れてしまうということでしょうか。

　ともかく，直立歩行し始める時期も，言葉が出てくる時期も，おねしょが終わる時期も，親から巣立つ時期も，人間が温和になる（経験を積むと人間は「丸くなる」といわれますが，中には丸くならない人もいます）時期も，個人差があるのです。草木が芽吹く時期も，春という季節ではありながら，種類によっても違うし，同じ種類でも個々で違っています。カリカリせずに，発達の個人差は見守っていただきたいと思います。

3．一般的な発達段階を考えてみよう

　「発達には成長と衰退の両側面がある」ということ，「発達には個人差がある」ということを前提に，人間の一般的な発達段階をとらえておきましょう（図1-1）。人間は，「オギャー」と生まれて，死ぬまで生きています。「死ぬ

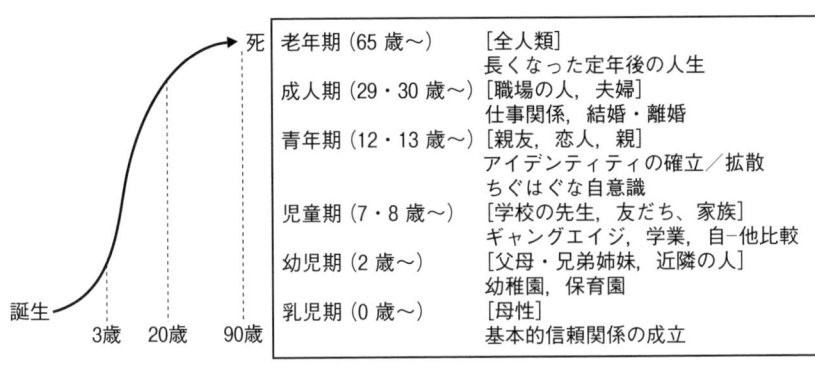

図 1-1　一般的な発達段階（重要な対人関係と発達課題など）

などと縁起でもない」といわないでください。死とは，その人を完結させる事象であり，完結するためにもしっかり生きなければならないのです。死は生につながります。

　誕生から2歳くらいの間は**乳児期**と呼ばれます。赤ちゃんの時期ですね。赤ちゃんは，まずは，自分でできることを何でもやってみます。身体を動かす。声を出す。眠たいのに眠れないとき，また，おなか（腹）がすいてくると誰でも不機嫌になりますね。みなさんもそうでしょう。赤ちゃんも同じです。不機嫌（不快感情）なとき，楽しい（快感情）とき，どちらにしても赤ちゃんは身体を動かしたり，声を出したりします。そのうち，おなかがすくと，このように身体を動かし，このように声を出したら，周囲の人が対応してくれる，ということを学び始めます。その周囲の人の代表が母性であり，母子関係はこれからの人生の基本になります。赤ちゃんが，おなかをすかせて泣いているのに，無視したり，（おしめを取り換えるなど）間違って別の対応をしたりすると，基本的信頼関係が成立しなくなります。かつては，この時期は，母性に庇護される存在というように，受身的な時期だととらえられていましたが，最近の赤ちゃん研究によって，赤ちゃんは受身的というより，積極的に周囲に働き掛けているということがわかってきました。生まれたばかりの赤ちゃんでも顔の筋を緊張，弛緩させて「ニコー」と本当にかわいらしい笑顔を作って，周囲にアピールしてきます。実は，はじめ赤ちゃんは顔の筋を緊張，弛緩させているだけなのですが，周囲には笑顔に見えるし，周囲

がその笑顔に反応すると，そのうち，赤ちゃんは意図的に笑顔を作り出します。その働き掛けを受けとめることが，親や周囲の人に必要なことでしょう。乳児虐待の問題にかかわる話題です。

　赤ちゃんは生後6，7カ月ころになると，母親（または母親に代わる母性に当たる人）が部屋を出ていくと泣き叫んだり，他の人があやしても泣きやまないのに母親があやすとすぐ泣きやむといった行動を示すようになります。これは赤ちゃんが母親という特定の対象に対して特別な感情を抱くようになったからで，このような特定の対象に対する特別の情緒的結びつきをボウルビィ（Bowlby, 1969）は，**アタッチメント**（attachment：愛着）と名づけました。そして，ボウルビィは，①人に関心を示すが，人を区別した行動はみられない，②母親に対する分化した反応がみられるが，母親の不在に対して泣くような行動はみられない，③明らかにアタッチメントが形成され，アタッチメントが活発である，④アタッチメント対象との身体的接近を必ずしも必要としなくなる，という4段階をふまえて，他の人へのアタッチメントを広げていく，と考えました。乳児期は，これからの人生の基礎となる時期なので（昔の人は「三つ子の魂，百まで」といいました。昔は数え年で数えていますので，三歳というのはこの時期です），大切なのですが，ローレンツ（Lorenz, 1935）がニワトリ，アヒル，カモなどに見いだした孵化直後の特定な時期に目にした「動くもの」に対して後追い反応を示すという**インプリンティング**（imprinting：刻印づけ，刷り込み）といった発達における厳格な臨界期の問題は人間には当てはまらないと考えられています。むしろ，ハーロウ（Harlow, 1958, 1962）などが指摘したぬくもりを与えてくれる，安全基地としての母親（または，母性）が重要なのでしょう。発達段階のそれぞれの時期の出来事は，後の発達に影響を与えますが，後のその人のあり方を固定し，決定することはありません。人間には，それだけの融通性と柔軟性があります。

　幼児期になると言葉がしっかりしてきます。そして，それとともに思考が発達してきます。このころの子どもの話を聞いているとすごく面白いですね。「おサラさんが『イターィ』っていったんだよ」と皿が割れたことを報告し，「ぼくがオネンネするから，太陽さんもオネンネするんだね」といったりし

ます。そのような話をする相手は，親であったり保育園の先生ですね。「お皿がしゃべるわけないでしょ。片付けないといけないからあっちに行っていて」とか，「あなたが寝なくても太陽は沈んで，夜は来るわよ」と子どもを叱らないでください。事物にはすべて命（魂）があるというアニミズムの考え方，自分が中心で世の中は動いているという自己中心的思考，世の中のことを理解しようとし始めた子どもたちにとって，当たり前のとらえ方です。他の人たちとのかかわりの中で，そのようなとらえ方は自然と消滅していきますが，そのすばらしい感性は，その人のこれからの人生にプラスにこそなれ，マイナスにはならないでしょう。

　ところで，幼児期の初期，3歳前後に，多くのお母さんが，子育ては大変だ，と思うことが出てきます。乳児期だったら，朝起きて，「この服を着ようね」といえばすぐ着たのが，3歳前後になると「この服いや。赤い方がいい」とかいい始め，なかなか親のいうとおりにはいかなくなります。このような現象は，反抗期（人生の中で最初の反抗期なので第一反抗期と呼ばれます）といわれますが，「反抗」という言葉から，いきなり悪いことと考えないでください。幼児にとって自分の主張が出始めるということは発達的にすばらしいことなのです。お母さん（他者）はこういう，しかし，わたしはこう思います。「自分」というものが出現し始めているのです。「（自分は）赤い色が好き」といった主張が出てくるときには，それにともなって子どもには親とは違った人格が育ってきているということですので，親子は似ていますが，その違いを楽しんでください。くれぐれも子どもはペットではありませんので，「（自分の子は）自分の思いどおりに動いてくれない」などと焦らないでください。後になってわかりますが，この反抗期は自我の発達にとって必要なものなのです。

　近年，少子化が進行していますが，みなさんは何人きょうだいでしょうか？　ひとりっ子もいるでしょう。ひとりっ子は，困ったとき話す相手がいないので寂しい，きょうだいがほしいなどと思っている人が多いでしょう。でも，きょうだいがいたらいたで大変なんですよ。自分がいちばん上で，下に弟・妹がいる人，下が生まれるときのことを覚えていますか？　それまで親の目が自分だけに向けられていたのが，生まれる前から下の子に向

けられ，周囲は「もうすぐお兄（姉）ちゃんだね。おめでとう。」などと喜んでいるので，一応自分も喜ぶ振りをしていますが，内心は喜んでいるわけではありません。実際に下が生まれたら最悪で，周囲の目はすべて赤ちゃんに注がれ，自分は一人ぼっち。そんな経験をした人もいるでしょう。そのような気持ちは，話すことができるようになればよいのですが，話すことができず，自分の心の中で悶々としている，というのが問題です。同じいたずらをしても，「お兄ちゃんでしょ！（お姉ちゃんでしょ，ともいわれるし，年上でしょ！などともいわれる）」と叱られる。「総領の甚六（のんびり育った長男，総領息子を揶揄していう言葉）」などという言葉がありますが，一般に，長男はおっとりしているのに対して，下の子はすばしこいですね（「はしこい」などとお年寄りはいいます）。次男や次女は，ずるい，対応が早い，いろいろないい方ができるかもしれません。それはそうでしょう。おやつが出されたとき，自分が先に手を出さないと，身体が大きいお兄ちゃんやお姉ちゃんにとられてしまいますから。それに，お兄ちゃんやお姉ちゃんが親から叱られているのをみていますから，それを回避するためにどうしたらよいのか，自分なりに考えて対応しますね。末っ子は，親からしてみれば最後の子。かわいがられますし，かわいがられるように振る舞います。ひとりっ子であるとか，兄弟姉妹の順番は，家族力動（ファミリー・ダイナミクス）の特徴を示しますが，その人のパーソナリティを決定するものではありません。年齢の開きなどによっても当然，きょうだい関係も違ってきます。しかし，その家族力動の中での役割は，その人の一生涯にわたって，人間関係のとらえ方に影響を及ぼすことになるかもしれません。

　幼児期の子どもに大きな影響を与える可能性があるもう一つの要因は，近隣の人との関係です。かつては，住んでいる地域や地区，すなわち住居周辺の近隣の人との関係がはっきりしていました。昭和を時代設定とした家族を映し出す映画などが流行していますので，みなさんも懐かしい，といった感覚でとらえているのかもしれません。食事をしていて醤油がなくなれば，隣の家に行って醤油を借りてくる，などという生活がかつては現実としてありました。今なら，醤油がなくなれば，コンビニに行くでしょうね（コンビニはたくさんあるし，隣人にそんなことで煩わせるのは悪いし，そもそも顔を合

わせたくないでしょう）。そのようなかかわりの中での生活は，この子は誰々さんちの子で，どのような境遇で，どんな性格をしている，などがお互いにわかっていました。親に叱られて，夜，家から閉め出され，暗い中泣いていても，隣の人がそっと家に招き入れてくれることもありました。マンガの登場人物が，かわいいリボンをしていたので，それを真似てかっこよく（自分はそう思っていた）お姉ちゃんのリボンをつけ路地で遊んでいたら，隣のおばさんたちに「○○ちゃん，かわいい格好をしているわね」と意味深な笑顔でいわれ，男の子はリボンをしないのだ，と気づかされたといったこともありました。また，秋のある日，友だちと野球をやっていて，ふと見ると，傍らの家の柿の木がきれいに実を熟しています。喉も乾いていたので，こっそりとみんなで柿を取り食べていると，その家のおじいちゃんにみつかり，しっかりと叱られた。ところが，別の日，そのおじいちゃんは，みんなで**悪さをせず**に遊んでいると，「柿を食べるか」ともってきてくれるのです。つまり，何をしたら悪いのか（こっそり盗むのは悪い）を地域の人は，生活から教えてくれていたのです。昔から，地域には暇なお年寄りがいたものです。

　そのようなお年寄りは，地域の教育力という面で役に立っていたのですね。かつての地縁・血縁でつながって人間関係が雁字搦めになっていた地域がよいわけではありません。高度経済成長の中で，わたしたちは，効率を優先し，地域でのつながりを切ってしまいました。勤め先と住居は離れたところにあり，住居は寝るために帰るだけのところ。自分の住んでいる地域にはどのような人がいるのかわかりません。マンションやアパートに住んでいればなおさら，扉を開けた前の部屋の人は顔だけわかるけれど，反対側はどんな人が住んでいるのかも知りません。地震など災害のときにも，近隣の人とつながりがなければどうしようもない。…いわゆる地域崩壊という現実が出てきてしまいました。地域崩壊とまではいかずとも，みなさんは，自分の家の周囲にどんな人が住んでいるかわかっていますか？　例えば，隣の家に高校生がいたとします。周囲の人は，その家の話をして，「○○さんちの△△君は□□高校なんだって。頭いいのね。」と学校名からその人の特徴を言及する，ということが多くなっています。本当に，地域がしっかりしていれば，そのような言及ではなく，「△△君は小さいころからお父さんの手伝いをして，周囲の

人にもやさしかった」といった言及になるのではないでしょうか。その個人の特徴を所属している団体から類推するのではなく，その個人本人をしっかりみる，という周囲の目が，その人にとってすばらしい拠所となるのではないでしょうか。自尊感情（セルフ・エスティーム）と呼ばれる感情は，人間の原点となる大事な感覚です。幼児期にそのような近隣の人と接する機会があると，その人の後の人生によい影響を及ぼすことでしょう。

　児童期には，それまでと決定的に違った人と出会うことになります。学校の先生です。小学校に通い始めた児童は，学級に所属し，その学級を取り仕切る学級担任と向き合うことになります。この先生は，幼稚園や保育園の先生とは違い，規範や決まりの象徴なのです。授業で勉強が始まれば，テストも登場してくる。テストで自分は70点だったのに，友だちは100点だった，となれば「負けた」と思うし，逆に，自分が100点で，友だちが70点だったら「勝った」と思うでしょう。劣等感，優越感が明確に出てきます。劣等感，優越感はそれだけで悪いわけではありません。自分というものがわかるためには，劣等感も優越感も必要です。自己像を形成するには，他者との比較は大切な認知作用なのです。問題は，その感情が定着し，固着することです。つまり，自分は何をやっても駄目なんだといった感覚が5年，6年と続くのはよくありません。自分は駄目な人間で何をやってもうまくいかないのだ，という感覚を学習することを**学習性無力感**といいますが，そうなる前に，学校での対応が必要です。優越感も固着してしまえば天狗になってしまい，人間関係で問題が起こってきます。

　このころの子どもは，通学路が一緒だったり，学級が一緒だったり，席が隣だったり，といった物理的な近さが友だちになるきっかけですが，学年が上がるにつれて，この人とはウマが合う，気が合う，といった心理的な要因が友だちになるきっかけとなってきます。かつては，放課後に10人くらいの友だちが集まり，カン蹴りや鬼ごっこをしたものですが（その年ごろをギャングエイジと呼びました），今では，学校が終われば塾や習い事があり，友だちと遊ぶにも前もっての予約が必要な時代になってしまいました。その遊びも，2，3人集まり，ゲームをおのおのしている，といった調子です。もう少し大きくなったとき，グループをまとめて何かをやるという力がなくなった

のは，このようにギャングエイジが成り立たなくなった，友だち 10 人ほどで集まり，一緒のことをやるという経験がなくなった，ということが影響しているのかもしれません。この時期も背景には常に家族関係が大事な人間関係としてあります。最近，離婚が多くなり，このころの子どもに不安定な精神状態の子が多くなっているのも（いじめなどにも影響しているでしょう），学校の先生に負担をかける結果となっているようです。家族が安定しているということは，この時期の子どもにとって重要です。

　青年期前期（中学生の時期）をとくに思春期（精神分析の言葉）といいます。この時期は，男性・女性といった性を意識し始める時期であるとともに，物事を否定的に見直す時期でもあります。女の子の場合，小学生の高学年からこの時期に入ってくる人がいると思いますが，みなさんの中にも，お母さんが洗濯しているところに行って，こっそり「お父さんの下着とわたしの下着を一緒に洗わないでね」などといったり，お父さんがトイレに入った直後は絶対にトイレに行かなかった，といったことはありませんでしたか。この時期の女の子にとって，お父さんは男性の代表なのです。その感覚は，異常なことではありません。最近，娘さんをもつお父さんに非常にデリケートな人が増えてきて，そのような娘さんの言動を知ると，「これまで一緒に風呂に入ったりして，かわいかった娘が，親をばい菌扱いするようになった」と嘆き，落ち込みますが，そのような娘さんの兆候は一時的なものです。数年したら，かわいかった昔の娘さんが戻ってきます（ただし，次は，恋愛が出てきますが）。男の子の場合も，心理的な変化が起こり，陰毛が生えたりと身体的にも変化が起こります。ただ，この時期，周囲に非常に大きな影響を及ぼすのが，否定的なものの見方，また，本当にそれでよいのか，という突っ込みです。中学校のホームルームで「お前ら，煙草を吸うなよ！」と担任の先生がいったとします。小学生なら，「はい」というかどうかは別にして，おとなしく聞いています。ところが，中学生のマジョリティは「そんなことをいっている先生は，どうなんだよ。職員室で煙草を吸っているのは誰なんだよ」と考えます（中には，はっきり表明する中学生もいます）。そのような姿勢，思考をほかの世代の人は，反抗期と呼びます。中学生を相手にすると，大人（親や先生など）はそのような突っ込みに腹を立てます。しかし，そのような突

っ込みをして，自分の生き方を，そして世の中をフィードバックしておかないと，次への発達はありません。次の段階にいくためにも，この反抗期は必要なのです。

　青年期後期は，親友，恋人といった特別なかかわりをもつ人との人間関係が生き方の中心になってきます。ただ，この時期は，自分がどのようにこれから生きていったらよいのか，自分とはどのような人間なのか，といった難題に向き合い始めます。心理学者のエリクソン（Erikson, 1968）は，この発達課題をアイデンティティ（Identity：自我同一性または自己同一性）という言葉で表現しました。青年期は自分探しの時期といわれるのもこれに関係しています。もう少し詳しく述べれば，今の大学生，短大生，専門学校生など若者は，このアイデンティティが確立できておらず，それを探して右往左往しているところであり，自分がどのように生きていけばよいのか決定する猶予期間（モラトリアム：moratorium）にいるということです。アイデンティティが確立できれば次の発達段階にいくというように考えられてきましたが，今では，成人期になっても（30代，40代，50代の女性がとくに）アイデンティティを求めているといえるような状況にあるのではないでしょうか。「長くなる青年期」といわれるゆえんです。そして，近年，もうひとつこの時期に特徴的なことが起こっています。20歳前後の人がカウンセリングにきて話題にするトピックは，親との関係なのです。20年ほど前までの青年心理学では，青年期後期は親との関係を卒業し，親友・恋人といったとくに親しい人との関係にシフトする，と考えられてきました。ところが，今，青年期後期の若者は，親との関係を見直し，ときには，やり直そうとしているのです。今の社会は，家族変容社会などといわれていますが，子どもの方が親との関係はこれでよかったのか疑問をもち，自分は愛されていたのだろうか，と不安になっているのです。考えてみれば，近年，幼児虐待があったり，放任と過保護の両極端な育児スタイル，友だち同士や姉妹のような親子関係，いろいろな親―子の関係が報告されています。とくに，親の離婚などのごたごたの中で，子どもの側に親に対して不信感が出ているのも影響しているのでしょう。青年期までの親子関係の必要以上の揺れ（脳が本来もっている揺らぎ――池谷（2009）参照――以上の極端な揺れ）がこの時期ならびにこの時期以降の人

間関係の不安定さを作り出しているのではないでしょうか。青年期までで親子関係が必要以上の揺れをもっていると，青年が自分自身をどのようにとらえるか，これからどのように生きていくのかの指針がもてず，ふらふらとした生活をするという可能性が大きくなるのではないでしょうか。

　成人期になると，就職をし，家庭をもつ人が増えます。この時期の重要な人間関係は，職場の人（同僚，上司，部下など），夫婦です。就職し，はじめは慣れないながらも頑張り，そのうち大事な仕事を任され，充実した勤め

＜情報ボックス 1-1＞

生涯発達心理学

　人間が生まれてから死ぬまでの生涯を通して，どのような心理的特性が存在するか，どのような量的変化や質的変化を生じる心理的特性が作用しているのかを研究する学問を，生涯発達心理学と呼ぶ。本書での発達への視点は，この生涯発達心理学のものである。従来の発達心理学が，主に子どもから青年期に至るまでの，いわゆる成長的変化を対象にしてきたのに対して，それらを生涯的な観点においてとらえる必要があるのではないかという，メタ認知的な側面をもっているのが生涯発達心理学である。

　生涯発達は，人類の進化の過程，ならびに，時代の社会文化的状況の中に位置づけられる。そして，発達は，もって生まれた遺伝子型に影響を受けながらも（プログラムで固定されているわけではない），環境とわたしたちの相互作用（とくに，能動的な働きかけ）によっても変容する。1970年代から90年代で話題になっていた発達加速現象（世代が新しくなるにつれ，身体的発達が促進される現象：子どもの身長が高くなる，初潮が早くなる，など）も2000年代になるとみられなくなった。ダイナミカルな安定状態に入っているといえるだろう。また，高齢者の加齢による衰えは，トレーニングによって抑えることができるのだろうか。これが今，生涯発達心理学の大きなテーマになっているが，人間（とくに脳）には，可塑性（plasticity：変形する性質）がある。この可塑性を利用すれば，わたしたち自身がコントロールしながら上手に老いていくことは可能なのではないだろうか。

　個々人の発達を通して，その時代を生きる人間の発達につながり，その人間の発達のあり方が人類の進化につながるといった壮大な視点を有しているのが生涯発達心理学なのである。

ができればいうことはないでしょう。ところが，仕事がうまくいかず，リストラされたり，上司との関係がうまくいかなかったりすれば，ストレスもたまりますし，職がなくなったりしたら，うつ病にでもなりかねません。夫婦関係もうまくいけばよいのですが，離婚でもめたりし始めたら大変です。いろいろな人生の分岐点に出会うことになります。なお，家庭をもち，子どもができたら，その子たちは人生の出発点の乳児期からスタートするわけです。自分たちは，歳をとっていきます。これは輪廻ですね。ライフサイクルともいいます。

　今の65歳は若いですね。簡単に，**老年期**が始まるといいたくないのですが，一応国家試験などでは65歳以上が老年期ですので，そのように表現しておきます（75歳以上が，政治的に物議をかもした後期高齢者です）。先にも出てきました（覚えていますか）心理学者のエリクソンは，この時期の人間関係の対象を全人類といっています。いいたいことはわかりますが，ちょっと格好よすぎかもしれません。自分が生きているうちに，子や孫が遺産相続に絡み喧嘩を始めた，などということになると，自分の人生は何だったのか，といいたくもなるでしょう。終わりよければすべてよし，です。せめて，人生の最後くらいは，幸せに終わってほしいものです。しかし，この時期にはほかにもいろいろな問題があります。他の時期にも出現しますが，認知症の問題などはその最たるもので，わたしたちは対応を具体的に考える必要に迫られています。

4. 高齢者も青年だった，若者も歳をとっていく

　高齢者も以前は，青年でした。いわれてみれば，当たり前だと思うでしょう。でも，みなさんは，実習などで高齢者と会って，どう思っていますか？歩けなくなったかわいそうな人。今さっきいったことを忘れるダメな人。トイレに自分で行けないどうしようもない人。要するに，助けの必要な，自分たちよりランクの下の人？

　そのようなとらえ方，そのような価値基準は，社会の中での生活，すなわち，近年の効率優先の社会のとらえ方に影響を受けています。わたしたち個

人個人の人間が発達変容するように，社会も発達変容するのです。今のあなたの価値基準は，崩されるかもしれませんよ。高いレベルの学校に合格する者はよい子，お金持ちになる（または，そのような人と結婚する）のは勝ち組（成功者），組織の中で「長」のつく人は偉い人。ある閉鎖社会で通用するかもしれない価値基準を，社会全体に当てはめようとすること自体，かなり無理があります。自分自身のよって立つ価値基準はどのようなものなのか，どこから出てきているのか考えてみる必要があるかもしれません。効率優先の考え方だけでいくと，齢を重ねること，それ自体がネガティブなものとしてとらえられているのではないでしょうか。効率優先とは，役に立つかどうかを表面的な観点から決めるということです。歩けず車椅子にお世話になっている，さっき食事をしたのにすぐ忘れる，トイレに行くにも他人の世話が必要，そのような人は，一見他者の役に立っていないように思われます。しかし，そのような人が，「お正月のかざりは…（図1-2）」「○○といった話を通すには，このようにした方がよい」などとそれまでの経験を活かして教えてくれると，今さらながらその人を見直すことになります。

　高齢者は伊達(だて)に歳だけをとってきたわけではありません。経験があるのです。高齢者も昔は若く，体力にものをいわせて無茶なことをやったかもしれませんが，いろいろな経験があり，ここまできています。若者もそのうち，すぐ歳をとります。若者は，今のうちに，歳をとった際，他者に活かせる，経験をもとにした知恵を身につけておきましょう。

　さらに，人間には，年齢を超えて，そこに生きているだけですばらしい，というところもあります。子どもはそこにいるだけで，夫婦の間を取り持ってくれている，という側面があります。昔から，「子は親の鎹(かすがい)」という言

図1-2　お正月のしめ縄はどちら向き？
（頭は北，それとも，南？）

葉があります。また，たとえ足が立たなくても，高齢者もそこにいるだけで存在感があります。このおじいちゃんがいればこそ，この家族がしっかりまとまっている，ということもあります。ひとりが抜けると家族関係が変わる，ということがあるのです。家族力動（ファミリー・ダイナミクス）ですね。高齢者・お年寄りは，稼ぎがないからと小さくなって生きるのではなく，家族の中心だという気概をもって，堂々と生きていきましょう。「憎まれっ子世にはばかる」です。

2章

人間は一生涯をかけて発達する

1. 心身相関

　人間の心と身体は関係をもっています。みなさんも体調が悪いと心が落ち込んでいる感覚はわかるのではありませんか。失恋などをして心が落ち込んでいるときには，身体も重く，だるい感じがします。逆に，国家試験などに合格すると，ルンルン気分で自分の世界が開けたと感じ，身体までが軽く，足取りもついついステップを踏みたくなるでしょう。そのように心と身体の調子はお互いに関係をもっている，ということを心身相関といいます。

　心身相関は，赤ちゃんの時期からお年寄りの時期まで，その人の一生涯をかけて続きます。幼いころは，身体はまだ成長期ですので，心も「まだこれから」という感覚があります。お年寄りになると身体の節々が痛み始め心も「だんだんきつくなってきた」と感じるようになります。

　人間というものを考える際，心身相関に影響を及ぼすもうひとつの要因があります。それは，環境です。環境というと，環境問題が叫ばれているこの世の中，すぐに自然環境を思い浮かべるかもしれませんが，そのような自然環境または物理的な環境以外にも，人的環境が人間には大きな影響を及ぼします。つまり，自分が歳をとり，同年齢の人が亡くなった，などという話を聞いたとします。「次は，自分か」といった気持はどこかに出てきます。心が落ち込むと身体まで調子が悪くなってくるのです。「〇〇さんが亡くなった」というような情報をお年寄りに入れるな，ということをいっているのではありません。情報を入れなければ，後になって「〇〇さんが亡くなってい

たというじゃないか。なぜ、わたしに伝えなかったんだ！」とひどい剣幕で怒り、口もきかなくなることもあります。亡くなった人が親しい人であればあるほど、きちんとお別れをいいたいという気持ちは誰にでもあります。情報を伝えないのではなく、情報を伝えた後、心と身体にダメージを与えないよう、きちんとフォローをしましょう。無理のない言葉かけとゆっくりと身体を動かすことは必要です。人的環境を背景にして、心身相関というかかわりは、一生涯にわたって考慮しなければならない事項です。

2．生きるためのエネルギー

　精神分析療法をおこなっていたフロイト（Sigmund Freud：1856～1939）という心理療法家は、人間の心のしくみを図2-1のような卵型でとらえました。
　上部のスーパーエゴというのは、超自我とも呼ばれ、社会のきまり（規則、法律など）を意味しています。下部のイド、またはエスと呼ばれるところはその人の欲求、欲望などが出現してくるところで、そのエネルギーはリビドーと呼ばれました。スーパーエゴとイドとの間で、つぶされそうになって苦労しているのがエゴ（自我）です。「～したい」という欲求と「～してはいけない」というスーパーエゴとの圧力で、両者の狭間にあるエゴ（自我）がつぶされてしまったら精神神経症が出現するというわけですが、そこまでいかなくても、エゴ（自我）は日ごろ、苦労しており、つぶされそうになるのを、自我防衛をおこない守っているのです。また、自己統制（セルフ・コントロール）をおこない、イドの暴走をコントロールしています。

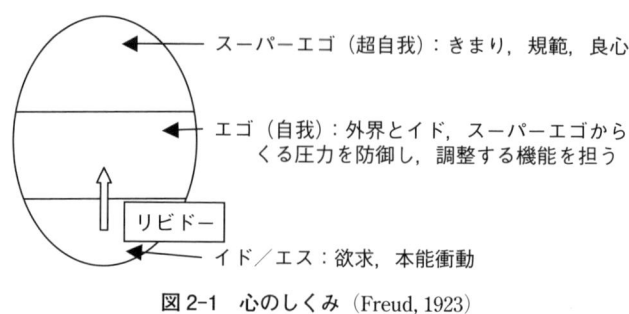

図2-1　心のしくみ（Freud, 1923）

例えば，歯が生えてきた子どもが，食事をし，お母さんに歯みがきをしてもらった後，遊んでいてふとテーブルの上にお菓子をみつけました。お菓子がほしい（イドからの欲求）ので手を伸ばします。ところが，それに気づいたお母さんが「歯みがきが終わったばかりでしょ。食べてはいけません。」といいます。この場合，お母さんがその子にとってスーパーエゴになるのです。食べたいのに，お母さんは食べてはいけないといいます。ディレンマですね。小さい子にとってお母さんのいうことは絶対なので，いうことを聞いてお菓子を取って食べたりしません（お母さんは，僕のことを思って「食べてはダメ」といっているんだ——と無意識に自分にいい聞かせているかもしれませんね）。ところが，少し大きくなるとお母さんにダメといわれてもイドの力に負け，こっそり食べる子がいます。お母さんに気づかれ，「ダメといったのに食べたでしょう」と追及されても，「僕じゃないよ」などと嘘をつきながら，口にはしっかり食べた痕跡が残っているので余計にしかられます。嘘によって自我を守ろうとしているのでしょう。

精神分析学では，イド・エゴ・スーパーエゴのかかわりでどこがどのように優勢かによって，その人の特徴が出てくると考えますが，ここで中心に考えたいのが，リビドーと呼ばれる心的エネルギー（フロイトの場合，とくに性的エネルギーと訳されます）です。人間が生きていく上でエネルギーが必要なことはみなさんもわかっているでしょう。食べ物を食べることによって，動くという身体的エネルギーが得られます。同様に，エスから出てくるのが心的エネルギーです。

3．人生の目標

人間は目標を志向することによって生きている，といわれます。たしかに，目標や目的をしっかりもっている人はしっかりしていますね。その場さえよければよい，という行き当たりばったりの生活をしていると，結局は自滅します。オリンピックや自分の力が試されるいろいろなところで強いのは，自分の目標をしっかりもち，その目標に心的エネルギーを向けることができた人です。

発達的にみて、目標は必ずしも自分から見出したものではなく、他者が設定したということもありえます。他者（自分の外）が設定した目標に向かう心的エネルギーを外発的動機づけといいます。テストでよい点を取れば御褒美がもらえる（お母さんが小遣いを増やしてくれる）、という御褒美は勉強するという行動の強化子であり、このような事態を「外発的動機にもとづく学習」といいます。それに対して、その内容を知りたいから勉強する、というのは「内発的動機による学習」です。外発的動機と内発的動機のどちらが長く継続できるかというと、みなさんがおわかりのように、内発的動機です。外発的動機づけだった学習が、内発的動機づけによる学習に変わることはありうるわけで、人生というスパン（時間の長さ）を考えると内発的動機づけで心的エネルギーを使ってほしいものです。

人生の目標は、一生涯かけてみつけるものです。マズロー（Maslow, 1943）は、欲求の階層をピラミッド状の5段階として考えました（図2-2）。この欲求の階層は、底辺から順番に上がっていくと考えてください。

1章で発達段階を考えた際、赤ちゃんはおなかがすいたら泣いて母乳やミルクを求める、という話をしました。食べたい、眠りたいというのは生理的

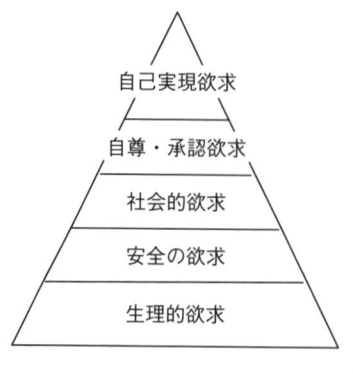

図2-2 マズローの欲求階層理論 （Maslow, 1943）
下から順に、満たされると次の欲求を感じるようになります。また、いったん満たされた欲求はもうその人を動機づけるものにはなりません。しかし、最高次の自己実現欲求だけは、それが満たされても動機づけの効果がなくなることはなく、満たされるほどいっそう強い動機づけになるとされました。

欲求です。命を保証するためにはまず生理的欲求が満たされなければなりません。生理的欲求が満たされると，安全の欲求が出てきます。生理的欲求がその場その場で満たされるべき欲求なのに対して，安全欲求から後の欲求は，それなりのタイムスパンが必要になります。戦争や災害や病気などが起こらず，生活する住居が保障されるなどの安定した生活を人間は求めるようになります。その安定が満たされると，家族集団，学級集団，友だち集団などでその集団に所属・帰属しており，その集団に受け入れられているといった感覚がほしくなります。広い意味で愛情欲求といわれるものです。小学校高学年，中学校低学年あたりで，女子がグループをつくり，自分のグループの人は味方，他のグループの人は敵，といった人間関係をつくるのも社会的欲求の中のとくに帰属欲求の現れです。一般に，「居場所」などと表現しているものは社会的欲求に関連しています。ある集団に所属・帰属しているという感覚ができると（社会的欲求が満たされると），仲間から承認・尊敬を求めたくなります。それが，自尊・承認欲求です。職場の仲間から「あいつは仕事のできるやつだ」などといわれたらうれしいし，そのようになりたいと思うでしょう。そして，自尊・承認欲求が満足できれば，自分がなすべきことをなすために自分が成長したいと思うでしょう。これが最高次の自己実現欲求です。これはなかなか高度な欲求で，一筋縄ではいきませんが，アイデンティティを確立しながら，焦らず，一生涯をかけて自分の人生の目標をみつける，というように考えてはいかがでしょうか。

4．パーソナリティは変容する

　人間・個人の統一的・持続的な特性の総体をパーソナリティ（personality）といいます。人格とか性格とかいう言葉もありますね。最近，個性などといっている中身を考えてみるとパーソナリティのことだったりします。人格，性格というと，訳語の問題で「人格者（すぐれた人格の備わった人）」「ひとがら（がよい）」などと価値観が入ってきて混乱する可能性がありますので，ここでは価値観が入らないパーソナリティというカタカナを使います。
　ところで，みなさんは，小学校のころと今，同じパーソナリティですか？

同じところもあるでしょうが，かなり違っていますね．小学校のときは，人前で劇などをするのが好きでじゃんじゃんやっていた人が，今は，大人しくなり人前で話をするのも恥ずかしい，という人もいるでしょう．逆に，小学校のときは「おとなしい子」といわれていたのに，今は「しゃべりすぎ」といわれるほど，おしゃべりになっているという人もいるでしょう．人間のパーソナリティは，気質といわれるご先祖様から受け継いだ遺伝的な要素を中心にしながらも，環境との相互作用で，変容していくのです．ピアジェ（Piaget, 1954）という発達心理学者は，**同化**と**調節**という概念で，人間の認知（とらえ方）が発達していく様を示していますが，筆者（岡林，2008）は，人間が環境との相互作用（同化と調節）からパーソナリティを自己組織化（自分で自ずと作り出す）すると考えています．

ですから，若いころは堅物で「石頭」といわれていた人が，孫ができてからは人が変わったようにやさしくなり「人間が丸くなった」といわれるようになることも実際にありえます．パーソナリティとは，ある程度の時間スパンをもった持続的・継続的な人間の特徴をいいますが，一生涯をみたとき，同じパーソナリティである人は少ないかもしれません．ただ，会社人間などといわれるように，ある組織の中で，課長，部長というようにステータス（官職や地位）に基づいて生活を続けてきた人は，人間対人間の付き合いに慣れておらず，退職してからもかつてのステータスに基づいたしゃべり方をすることによって，周囲の人に煙たがられたりして孤立する（老人性うつなどになる可能性もあります）傾向が出てきたりするので，気をつける必要があります．

ある程度若いうちから，会社と地域の人間関係を並行させておく生活の余裕も必要かもしれません．大体において，退職してからの精神的落ち込みは大きいといわれていますので，パーソナリティ変容を自分から試みることも必要でしょう．妻に先立たれた男性と，夫に先立たれた女性はどちらが長生きするかといえば，明らかに夫に先立たれた女性です（もともと女性の方が男性より平均寿命が長いということに加えて：表2-1）．女性の方がたくましい，といえばそれまでですが，男性は，食事を含めて妻に依存しすぎる生活習慣から考え直さなければならないかもしれません．

4. パーソナリティは変容する

表 2-1 男女の 50 歳時の配偶関係別に
みた平均寿命 (1995 年)

(単位は年)

	男性	女性
未婚	21.78	28.17
有配偶	29.51	35.73
死別	26.40	34.07
離別	20.85	31.39

石川 (1999) よりデータを抽出

あくまでも，パーソナリティは変容します。「男はだまって〇〇ビール」（かつて流行したコマーシャル…若い人は知らないか!?）を維持する必要はないし，また，お年寄りの今の様子をみて，それがその人のすべてだと思ったら，介護・看護ができなくなります。回想法などといわれる手法を試してみ

> **＜情報ボックス 2-1＞**
>
> **パーソナリティのとらえ方**
> 　人間の特徴を表現するとき，心理学ではパーソナリティという用語を使う。以前は，性格や人格という訳語が使われていました。人間の振る舞い，言語表出，思考活動，認知や判断，感情表出，好悪判断などに時間的・空間的一貫性を維持しているのが，パーソナリティである。
> 　これまでパーソナリティ研究は，**類型論**（似たものの間にある典型的特質を表したものの類似の程度によって個人の気質・パーソナリティを理解しようとする試み）と**特性論**（パーソナリティを構成する要素を中心に考える立場）を中心に論じられてきた。ビッグファイブ（5 因子モデル）も，この特性論の流れから出てきたものである。そこに，人間の行動は「特性」によるよりも「状況」によって決定される（Mischel, 1968）という主張が出され，「**人間―状況論争**（Person-Situation controversy）」が起こった。今は，パーソナリティは，ある時点で切り取って分析するだけではなく，刻一刻の時間の流れから統合してとらえる必要が出てきている。

てください。驚くほど違う側面が出現したりします。人間の一生というのはそんなに軽いものではありません。

3 章

発達と学習

1. 認知の発達と自我の発達

　人間のこころを構成している重要な要因は，**認知**と**自我**ではないでしょうか。認知（cognition）とは，事象について知ること，ないし，知識をもつこと（『広辞苑』第六版）。自我（self）とは，認識・感情・意志・行為の主体としてのわたしを外界の対象や他人と区別していう語。自我は，時間の経過や種々の変化を通じての自己同一性を意識している（『広辞苑』第六版）。認知の発達に関してはピアジェが研究し，自我の発達に関してはより包括的に「心理社会的発達」としてエリクソンが研究しています。エリクソンというとアイデンティティという用語がいろいろなところで使われ，用語が有名になってしまいましたが，正確にいえば，エゴ・アイデンティティ（ego identity：自我同一性）なのです。ピアジェもエリクソンも，それぞれが素晴らしい研究をしましたが，人間の発達について総合的に考えると，認知の発達と自我の発達（心理社会的発達）は統合しないと全体像がみえてきませんので，図 3-1 のようにまとめてみました。一般の発達段階の話は，1 章の 3 節を参考にしてください。

(1) ピアジェの認知発達

　ピアジェ（Jean Piaget：1896〜1980）の認知発達段階は 4 段階になっていると考えてください。1 段階目の**感覚運動期**は，赤ちゃんはどこの感覚が鋭いのか考えてくださいね。口唇です。赤ちゃんにおもちゃ（ニギニギなど）を渡

一般の発達段階	ピアジェの認知発達段階	エリクソンの心理社会的発達段階と発達課題
乳児期（誕生〜2歳ころ）	感覚運動期（誕生〜1歳半，2歳） 感触によって知る。反射的運動。	乳児期 　基本的信頼 対 不信
幼児期(2歳ころ〜7, 8歳ころ)	前操作期（1歳半，2歳〜6, 7歳） 　言葉の獲得にともなってイメージがわかり始める。関係のないものを結びつけたりする。	幼児前期 　自律性 対 恥・疑惑 幼児後期 　積極性 対 罪悪感
児童期（7, 8歳〜11, 12歳ころ）	具体的操作期（6, 7歳〜11, 12歳） 　ある程度論理的に考えられるようになる。具体的なものがあるとよいが，抽象的になると考えにくい。	児童期 　勤勉 対 劣等感
青年期(11, 12歳〜24-29歳ころ)	形式的操作期（11, 12歳〜） 　目の前にないものでも論理的に考えられるようになる。もし〜ならば〜である (if-then-else) 思考も可能。	青年期 　同一性 対 同一性拡散 前成人期 　親密さ 対 孤立
成人期（29歳ころ〜65歳ころ）		成人期 　生殖性 対 自己没頭
老年期（65歳〜）		成熟期（老年期） 　統合性 対 絶望

（注）エリクソンの用語には他にも訳語があるので，表10-1 (p.155) と比較してください。

図 3-1　認知発達と心理社会的発達
〔一般の発達段階と対応させた〕

してください。赤ちゃんは，これは何だということで，目で確かめようとはしません。まず，口の中に入れて，感触を確かめます。この時期はフロイトのいう**口唇期**（フロイトの発達段階には 10 章で触れます）に対応します。生後 1 カ月ころまでの新生児の行動は，その大半が反射的な感覚運動によって占められていますが，刺激や変化を求めて積極的に外界に働きかけをおこないます。例えば，ガラガラに関心を示し，それを振ってみると音が出るのでさらに関心が高まる，といったように，ある環境への働きかけを繰り返しおこないます。そうした周囲の環境とのかかわりの中で，外界の事物についての知識を獲得し，それらに対して簡単な予測行動をとることができるようになります。この時期に獲得される認知機能として，対象物の永続性，象徴（シンボル）機能，などがあります。このような認知の発達は，乳児と環境の事物との相互作用だけによって促されるわけではなく，乳児と養育者あるいは周囲の人々との相互作用を通して得る経験と学習によっても支えられています。

　前操作期（2 歳以降）になると，幼児は急速に言語を獲得していきます。それにともなって，象徴（シンボル）機能も活発に働き，象徴遊び（symbolic play：想像に基づく遊び）や"ごっこ遊び"が盛んになります。外界の事物に反応するとき，いちいち外的な動作をおこなわずに，頭の中にイメージを浮かべたり言語を用いたりして処理することができるようになります（ピアジェは，このように思考で正しい処理がされる構造のことを**操作**と呼びました）。しかし，正しく操作がおこなえるようになるにはかなり時間がかかり，それができるようになるまでの時期を前操作期と呼び，この時期の思考には大人の目からみて奇異な（おかしい，または，かわいらしい）特徴がみられます（例：アニミズム，自己中心性，中心化など）。

　具体的操作期（6，7 歳〜11，12 歳）の子どもは，獲得された知識を相互に関連づけ，統合された形で記憶します。そして，問題解決の際には，それらの知識を利用しながらものごとを多面的・総合的にとらえ，組織的・理論的な思考を用いて対処できるようになります。これを**脱中心化**といいます。しかし，そうした思考ができるのは，この時期においては具体的な事物や状況に限られます（具体的操作）。この時期には**保存の概念**も獲得されます。

形式的操作期は，いわゆる大人の思考になっていく時期だととらえられます。この時期に，子どもは具体的な現実に縛られることなく，抽象的・形式的に考えることができるようになり，抽象的な問題解決もおこなうことができる（形式的操作）ようになります。すなわち，言語によって内容を表した命題について，内容が現実的かどうかにかかわらず論理的・形式的に考えることができるようになります。例えば，「ある国では，すべての生き物は頭を四

＜情報ボックス 3-1＞

対象物の永続性
　生後1カ月ころは，事物が物の陰に隠れるとそれがもはやそこには存在しないととらえてしまうが，感覚運動期の終わりころには，物に隠れても事物はその陰に存在するということがわかるようになる。

象徴（シンボル）機能
　目の前に存在しない物を思い浮かべることができるようになる。

アニミズム
　無生物も意思や感情をもっていると考える傾向をいう。例えば，「お月様が僕を追いかけてくる。」

自己中心性・中心化
　前操作期の子どもは空間内で視点を移動すると，物が違って見えるということを十分理解していない。そのために，自分自身の立場からの見方・感じ方・考え方にとらわれる傾向が強く，他人が自分とは異なる見方・感じ方・考え方をすることが理解できない（自己中心性）。また，事物の一つの側面からしか見ることができず，自分自身が見ている側面以外は無視する傾向がある（中心化）。したがって，ある事物を自分自身が立っているところ以外から見た場合，どのように見えるのかが正確にはわからない。三ツ山問題（Three mountains task：角度によって一つに見えたり，二つに見えたり，三つに見えたりする山の問題）は，自分の"今の見え"に支配された子どもの思考がみられて面白い。

つもっています」「その国のお姫様はキキという生き物を飼っています」「キキの頭はいくつでしょう?」という問題において, 「四つ」と答えることができるようになります。また, 演繹的に仮説を立てて推論をおこない, その結果を事実と照らし合わせて実証するというような思考もできるようになります。

ピアジェの発達理論は, **同化**(assimilation:環境に働きかけて自分の内に取り入れる作用)と**調節**(accommodation:自己を外界の状況に適合するように変化させる過程)という二つの機能的連続性の上に成り立っており, 環境と主体との相互の働きかけによって漸次形成されていくとする進化論的立場をとっています。認知発達のための四つの重要な概念, すなわち①自己中心性(egocentrism:主体と客体の混同, 行動の未分化), ②保存(conservation:

<情報ボックス3-2>

保存の概念

数・量・重さなどについて, 見かけの形態が変化しても, 足したり取り去ったりしなければ数・量・重さは変わらないということがわかるということ。例えば, 数の保存の問題では, オハジキを5個, 間隔を空けておいた場合と間隔を狭めておいた場合とで, 数の保存概念ができていない子は「間隔を空けた方が多い」と答えるのに対して, 数の保存概念ができている子は「どちらも同じ」と答える。量の保存問題では, 量の保存概念ができていない前操作期の子どもであれば, 同じ量のジュースが背の低い容器から背の高い容器に移し変えられると背の高い容器に入ったジュースの方が量は多いと答えるが, 量の保存ができた具体的操作期の子どもであれば形態は違うが, ジュースの量は変わらないということがわかる。

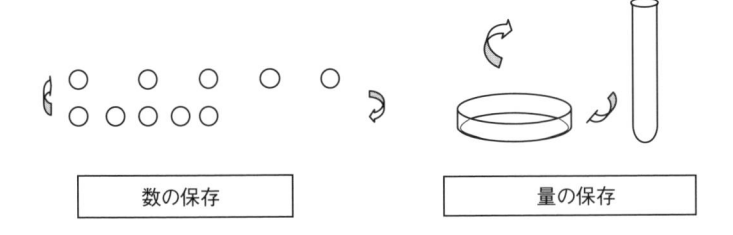

数の保存　　　　　　量の保存

脱中心化によって達せられる可逆性・補償によって証明される），③操作（operation：対象を知る"抽象化"の過程），④均衡化（equilibrium：調節と同化の働きによって対象への全体的活動がひとつの体系を形成するに至る過程）がわかっていれば，ピアジェの主張したかったことは理解できるでしょう。ピアジェは，この認知発達理論について各段階には特徴があり，それは変化する時期と安定した時期からなっていると考えました。また，段階は一つの均衡状態であり，次の段階への移行は均衡化によるものと考えられます。そして，次の段階は前段階から派生したものであり前段階を統合したものであるというわけです。ピアジェの理論はいろいろな批判がありながら，必ず参考にされるという不思議な魅力をもっています。自分の子どもを観察して，その結果，このような理論が生み出されるのですから…。ピアジェの観察眼はすごいですね。

(2) エリクソンの心理社会的発達理論

人生を8段階に分け，それぞれに発達課題と心理社会的危機（psychosocial crisis），重要な対人関係，心理社会的様式を設定したのが，エリクソン（Erik Homburger Erikson：1902〜1994）です。エリクソンはフロイトが創始した精神分析の立場から論じていることを念頭に入れておいてください（精神分析の話題は9章で述べます）。

乳児期（基本的信頼 対 不信）の発達課題である基本的信頼は，まず，授乳関係を通して作られます。唇でお乳を飲む行為は，食物摂取という生理的な意味だけではなく，後のパーソナリティ発達の原型です。乳児は口唇を通じて自分の周りの世界を学んでいきます（ピアジェも同様に考えています）。この時期に，周囲の人，すなわち子どもにとっての世界は自分を養ってくれ，頼ることができ，信頼するに値すると感じることができるかどうかで，その後の親密な人間関係を築き上げていく土台が作られるかどうかという影響がある，とエリクソンは考えたのです。

幼児前期（自律性 対 恥・疑惑）になると，幼児は肛門括約筋をはじめとする全身の筋肉が発達してきて，自分で立って歩けるようになり，排泄をコントロールすることが可能になります。発達課題としては，排泄と保持という

体験を通じて自律性の感覚を身につけることができるか否かが重要になってきます。うまく排泄ができれば親にほめられ，失敗すると恥ずかしい思いをします。また，自己主張をし始めるころです。

幼児後期（積極性 対 罪悪感）は，周囲に対してかかわっていき，他者に攻撃をしたり（幼稚園で他の園児にちょっかいを出す子がいたでしょう），気になっている子にわざと「ブタ」などと悪い言葉を使って，気を引こうとしたりします。自分を主張したりする積極性と，そういうことをすると自分は罰せられるのではないかという罪悪感がこの時期での発達課題となります。つまり，周囲の人に働きかけることによって，積極性に富む子どもになったり，罪悪感の強い子どもになったりする分岐が出てきます。この時期の子どもは，自分が世界に対して積極的に取り組める存在であることを感覚としてつかんでいきます。

児童期（勤勉 対 劣等感），すなわち，小学校に行くという学齢期に達すると，日常的な勤勉が重要になります。子どもは学校で知識や技能を修得し，仲間との集団関係をつくります。このとき，勤勉さが十分に作用しないと，劣等感が生じます。勤勉さが作用するということは，物事を完成させる力とその喜び，周囲の承認・称賛，自己の有能感や自尊心といったものが得られるということです。また，学校での同年齢または異年齢集団が，子どもの社会化を養ううえで重要な存在となってきます。

青年期（同一性 対 同一性拡散）には，生理的変化と社会的な葛藤とによる混乱の時期を迎えます。**自我同一性**（ego identity：自分とは何者なのか，自分がどんな人間かということ）を確立することが課題となり，これに失敗すると役割混乱が起こり，**同一性拡散**（identity diffusion）という問題が生じます。つまり，自分というものが統一されず，社会へのコミットメントができない状態に陥ります。青年期は新たに出会う世界とかかわりを結ぼうとする時期でもあります。青年は同一性（identity）の確立を目指して試行錯誤しながら，やがて自分の生き方，価値観，人生観，そして職業を決定し，自分自身を社会の中に位置づけていきます。

前成人期（親密さ 対 孤立）の発達課題は，親密さです。自我同一性を確立した人は，他者と親密な相互関係をもつことができるようになります。これ

は，異性と仲よくなることで，性というものを通して，心身ともに一体感を抱くような，今までにない親密さを体験するということです。体験される親密さは，自分と異なる性別，肉体をもつ他者との相互性という点に意味をもちます。これに失敗すると，孤独になり，以後の心理的成長を抑制すると考えられます。

成人期（生殖性 対 自己没頭）の発達課題は，生殖性（生産性）です。生殖性とは，次の世代を育てていくことに関心をもつということを意味し，結婚して子どもを育てることだけでなく，社会的な業績や知的，芸術的な創造もこの中に含まれると，エリクソンは考えました。自分自身にしか関心がもてず自己没頭という状況になると，パーソナリティの停滞を示し，この発達をうまく乗り越えることができません。今，日本人は自分のことしか関心がない人が多くなっているなどといわれますが，自分にしか関心がないというのは，やはり問題です。

成熟期・老年期（統合性 対 絶望）の発達課題は，統合性です。この時期は，人間の生涯を完結する重要なときです。今までの自分のライフワークや生活を総合的に評価し直すことを通して，自分の人生を受け入れて，肯定的に統合します。統合性を獲得することができれば，心理面の安定が得られ，人間的な円熟や平安の境地が達成されます。しかし，この課題に失敗すると，後悔や挫折感を感じることが多くなります。つまり，自分の人生を振り返って絶望を感じることになります。

このエリクソンの心理社会的発達理論は，心理療法家（精神分析家）としての願望を含めて，対立軸から成り立っています。エリクソンは晩年，老年期の話題に非常に関心をもっていたといわれますが，例えば，現実に，高齢者の様子をみたとき，なかなか自分の思い描いているように人生はいかない，ということがわかりますね。本人は，自分の人生を統合して見直すというよりも，そのときそのときであたふたしながら，揺れをともなって生きており，他者がみれば，その時期その時期にそのような課題があったのではないかと，とらえられるということなのかもしれません。

2. 学習理論

　発達の話をしていると学習という話題が気になりますね。例えば，ピアジェなどもいっているように，人間は同化と調節で環境とかかわり発達している——つまりは，学習をしながら発達している——と突っ込みを入れたくなりませんか。ところが，これまで心理学では発達論者と学習論者が違っており，それぞれが相手の言葉を使いませんでした。面白いですね。しかし，そのような話は次の節ですることにして，学習の理論とは何か，ということからみておきましょう。

　まず，心理学では**学習** (learning) を「経験に基づく比較的永続的な行動の変容，または，思考過程の変容」ととらえます。「経験に基づく」というのは，何かをおこなった，見た，聞いた，ということを中心に，代理体験も含めて自分が経験したすべてのことから影響を受けるということです。学校の勉強は，カリキュラム化されたきわめて特殊なもので，心理学でいう学習を，必ずしも勉強と同じとはとらえないでください。勉強は学習のほんの一部です。「比較的永続的」というのは，そのとき(場)限りのものではない，という意味です。「行動の変容」は行動主義心理学やS-R心理学の学習観です。「思考の変容」はゲシュタルト心理学から出てくる認知主義の発想です。行動主義心理学，S-R心理学，ゲシュタルト心理学という名称は，8章で一括して確認しましょう。ちなみに，心理学でいう学習は価値観が入っておらず，やる気のなさを獲得しても学習ですし，やる気を獲得しても学習です(教育学では，よい方だけを「学習」と呼びます)。

　学習理論には次のようなものがあります。動物実験から出てきた理論が多いのですが，人間の行動や思考は複雑なので(要因が多くなりすぎます)，単純化した動物の実験結果から人間の行動，思考を考えようとしたからです(下記の理論で，被験体を明記していないのは人間(ヒト)が被験体です)。

(1) 連合説

　外界の刺激 (S) と人や動物の反応 (R) につながりができることを学習と考えます。S-R心理学からの理論です。

1) 条件づけ学習
    ⅰ) パブロフ（Ivan Petrovich Pavlov：1849～1936）の条件反射説（**レスポンデント条件づけ，古典的条件づけ**）──被験体はイヌです。
    条件刺激と無条件刺激の対提示によって条件刺激が条件反応を引き起こし，学習を成立させる過程。
    ⅱ) スキナー（Burrhus Frederic Skinner：1904～1990）の**オペラント条件づけ**（道具的条件づけ）──被験体はネズミ，小鳩です。
    学習を促進するためにエサ（報酬）を与え，何度も経験させ学習を促進します。
2) 試行錯誤学習
    ソーンダイク（Edward Lee Thorndike：1874～1949）の**試行錯誤説**──被験体はネコです。
    試行錯誤をして学習すること。学習の成立過程を刺激状況と反応との関係で説明しています。
    効果の法則：ある刺激状況（S）で，ある反応（R）をおこない，それがもし満足をともなえば，そのSとRの間の結合は強くなり，SのもとでRが起こる傾向は強くなります。一方，同じことが不満足をともなえば，SとRの結合は弱くなり，SのもとでRは起こらなくなります。
    練習の法則：学習には，主体の能動的な行動が必要です。練習すればするほど，その行動は定着します。
3) 社会的学習
    観察学習，模倣学習などを包括したものです。
    ミラーとダラード（Miller & Dollard, 1941）によってはじめて社会的学習という言葉が使われました。模倣がハル（Hull, 1943）の動因低減説（動機づけが起こり，行動が活性化されるのは，動因を低減あるいは低下させる要求の結果である）によって説明できることを実験的に示し，同じ動因をもった二者間で，一方の反応が他方の手がかりとなって一致した行動が生起し，報酬が与えられるというプロセスによって模倣を説明しました。また，ロッター（Rotter, 1954）は，人間の行動は目標への期待によって決定され，その期待は社会的状況で学習されると考えました。

その後，バンデューラ（Bandura, 1971）は，観察することによって，無試行・無報酬であっても学習が成立するということで観察学習を重視しました。

今でも，何か理由のわからない凶悪犯罪が起これば，その犯罪者が日ごろ，どのような過激・攻撃的なビデオを見ていたか，ゲームをやっていたのかを論じ，その影響で犯罪を起こしたのだと報じているメディアの記憶があるでしょう。それは，社会的学習理論に基づく説明です。

(2) 認知説

外界の刺激全体に対する人や動物の認知の変化を学習と考えます。S–S理論とも呼ばれます。

1) ケーラー（Wolfgang Köhler：1887～1967）の**洞察説**——被験体は類人猿です。

    学習は試行錯誤的におこなわれるのではなく，洞察によっておこなわれます。見通しが重要です。学習者はその洞察力によって，問題場面を構成している要素間の関係を見て取り，関係が把握されると即座に解に到達することになります。

2) トールマン（Edward Chace Tolman：1886～1959）の**サイン・ゲシュタルト説**

    認知を重視した学習理論を提唱しました。学習とは，刺激がサインとしてどんな意味をもつのかを認知すること。目標と，それを導く手段との関係の認知が学習を仲介するのです。

3) レヴィン（Kurt Lewin：1890～1947）の**場理論**

    行動はパーソナリティと環境の相互作用によって決定されると提唱しました。

$$B = f(P \cdot E) \quad \text{行動はパーソナリティと環境の関数}$$

B：行動（behavior）
P：パーソナリティ（personality）
E：環境（environment）

レヴィンは，人間の行動を起動し方向づける作用をもつ心理的事象の

総体を一種の場とみなし，生活空間と呼びました。行動や心的活動は，生活空間の構造に従って生起します。例えば，一つの事象が正負の誘発性をあわせもつコンフリクト（葛藤）場面では，その事象に接近すると回避への力が相対的に強まり，離れると接近への力が相対的に強まるため，二つの力の均衡点付近で行きつ戻りつすることになるのです。場理論は，単なる学習理論というよりも人間の生活空間（世界）を全体からみているものなのかもしれません。

3．発達により学習は可能になり，学習により発達は促進される

(1) 遺伝と環境の相互作用

　もう一度，発達の話題に戻ってみましょう。発達には，ラッセル（Russell, 1945）以降いろいろな研究者によって指摘された**発達の方向性**という概念があります。発達には一定の方向性があり，身体の発達だと「頭部→尾部勾配（身体発達が頭部から尾部・脚部に向かって進行していく）」と「中心部→周辺部勾配（体幹から末梢の方向へと進行する）」と呼ばれる方向性があります。**発達の連続性**は，今まで話してきたような絶えることのない連続的な発達のことです。発達は，休止や段階をふまず先に進むということはなく，表面的には発達が止まっているようにみえても，身体や精神はいつも変化し続けています。ただし，前にも述べたように，発達には個人差や性差があります。また，**発達の異速性**があり，発達が起こる部位によって速さが異なっています。身体発達において，主に筋肉や脂肪などの組織細胞が充実して発達する時期を「充実期」といい，骨が伸びる時期を「伸長期」といいますが，それらは青年期に至るまで交互に起こります。筋肉と脂肪の増加充実によって体重が増加し，骨の伸長によって身長が伸びるという発達がみられます。このような発達の知識が欠如していると，発達段階にあった体型を間違ってとらえ，無理な減量をすると正常な発達が妨げられ，性成熟に障害をきたします。スキャモン（Scammon, 1930）は，20歳のときの身体各部・器官の重量を100として，20歳に至るまでの各発達時期の身体各部・器官の重量の割合を発達曲線で表しました。大脳や脊髄の神経系では，6歳の段階ですでに成人の90%

の重量をもっています。それに対して，睾丸・卵巣などの性器は12歳ころの思春期に入るまではほとんど重量が変化しません。**発達の分化・統合**とは，はじめは一つの受精卵であった細胞が時間の経過とともに各器官に分化し，機能的にも分業体制を取りながら，最終的には一つの完成したものになり，相互に整合性がとれた統合を成し遂げるということです。そして今，総合的に，発達がどのような要因から起こってくるのかについては，**遺伝的要因による成熟と環境的要因による学習との相互作用である**，と考えられています。ここまでくるのに心理学は長い年月を必要としました。遺伝か，環境かによる論争で長い時間がかかったのです。

　ジェンセン（Jensen, 1969）は，相互作用説の一つである**環境閾値説**を提唱しました。遺伝的可能性が各特性で顕在化するに当たって，それに必要な環境条件の質や量は異なり，各特性はそれぞれに固有の**閾値（一定水準）**をもっているという説です。この説では，身長・言語などの特性は，よほど劣悪な環境にない限りはその可能性を実現していきますが，知能テストの成績は環境から受ける影響が大きくなります。さらに，学校での学業成績は遺伝と環境の影響が拮抗するようになってきて環境の重要度が増してきます。また，絶対音感や外国語の発音など特殊な才能は，それを習得するのに最適な環境条件を必要とするうえに，一定の専門的な訓練を受けなければ，その才能を開花させることはできません。それぞれの才能や特性は，環境条件が非常に悪くて不適切な場合には，その発達は阻害されますが，その特性が顕在化するのに必要な一定の閾値を超えれば，発達は正常な範囲内で進行します。遺伝的要因と環境的要因は，相互に影響し合って発達を支えるので，どちらかが一方的に優位に立つということはなく，その程度の大小があるだけだと考えます。もう一度確認しておきますが，過去には，遺伝的要因を重視する学説と環境的要因を重視する学説が鋭く対立していました。しかし，現在では発達の要因は相互的なものであるという結論に落ち着いています。ただし，発達は遺伝と環境の相互作用による，といってもあまりに漠然としていて，もうひとつ面白みに欠けます。今後，遺伝子研究，赤ちゃん研究，脳研究などとの学際的研究を通して，発達におけるコントロール・パラメータを探し出す知見が必要になるでしょう。

(2) 発達と教育との関係

みなさんの中には，ピアジェの認知発達理論を学んで，自分の学校での授業を思い出した人もいるのではないでしょうか。小学校の低学年の時にビーカーとシャーレに水を入れて，「どちらが多い？」などという授業をしたり（保存概念），xやyなどの記号を使う授業があったり。記号は抽象的な思考を要求しますので，形式的操作期の思考になります。学習指導要領の関係で，xを使う数式は中1で学習したり小6で学習したりと，年代によってさまざまです。つまり，学校教育課程は社会情勢を背景にした政治的判断が入ってくることがあるのです。教育に影響を与えた発達観をみておきましょう。

ゲゼル（Arnold Lucius Gesell：1880～1961）は，階段上りの実験を通して，身体的精神的な成熟を待たずにおこなう学習行動は無意味であるとして，学習を成立させる**準備段階（readiness：レディネス）**まで成熟することを重視しました。ゲゼルの学説は，**成熟優位説**ともいわれます。ゲゼルとは反対に，行動はすべて環境的要因による学習活動によって成り立つと考えたのが行動主義心理学の**ワトソン**（John Broadus Watson：1878～1958）です。ワトソンは，自分に生まれたばかりの赤ちゃんを預けてもらえさえすれば，条件づけなどの行動主義の技法を用いて，親の望みどおりの能力や技術をもつ人間に育て上げ，親が期待する職業に必ず就くようにすることができると豪語するほどに環境要因による発達への影響を重視しました。その意味で，ワトソンは環境決定論者です。その対立を折衷するような立場の学説を唱えたのが，**シュテルン**（William Stern：1871～1938）でした。シュテルンは，**輻輳説**を提唱して，発達は遺伝的要因と環境的要因の加算的な影響によるものだと主張しました。シュテルンの輻輳説は，現在の相互作用説に近いものといえますが，発達は両要因の単純な加算だと考えた点と，両要因がいろいろな特性・才能・素質の開花にどのような影響を与えるのかという詳細な議論がないことが欠点として指摘されています。

ところで，成熟優位説は，「成熟を**待って**から教育をしよう」という観点を導きました。次の立場の人たちから「教育の待ち政策」と批判される教育方針です。当時，世界は冷戦時代です。アメリカとソ連を中心に世界は危険な対立状態にありました。そして，アメリカの人々は，自分たちがNo.1（何で

も一番)だと思っていたのです。ところが，1957年，思わぬ出来事が起こりました。スプートニク・ショックと呼ばれる衝撃です。ソ連の人工衛星・スプートニクがアメリカを差し置き，史上はじめて打ち上げに成功したのです。人工衛星の打ち上げは先端技術の競争ですので，これに後れをとったというのは致命的です。資本主義圏は動揺しました。ところが，アメリカの対応もさすがです。アメリカは，ソ連がなぜ先に打ち上げに成功したのか情報を収集したのです（かつて，どこかの国が，敵国の言葉は使うな，敵国の物は排斥しろ，と動いたのとは逆に，ソ連研究が進んだのです）。その結果，ソ連は早期教育が徹底しているとの分析を得るに至ったのです。アメリカ社会では，学校教育において子どもの知的水準を高めなくてはならないとする気運が高まり，このときブルーナー（Jerome Seymour Bruner：1915〜）らが提唱したのは，「教材の質を高めれば，どんな教科も，どんな段階の子どもにでも教えられる」という上記ワトソンの考え方を用いた，学習によって発達を促進できる，という発想だったのです（これは「教育の現代化」と呼ばれます）。

　当然，日本にもブルーナーの考え方は入ってきました。そして，日本では早期**受験**教育が定着してしまったのです（日本の場合，教育が受験につながるという特異性があります）。しかし，ブルーナーの考え方は，やはりいき過ぎの感が否めません。教育の現代化運動も時代が進めばその実態があいまいになりました。今は，シュテルンの輻輳説ではないですが，折衷案に近い，ヴィゴツキー（Lev Semenovich Vygotsky：1896〜1934）の発達の最近接領域説*が世界的に認められている発達と学習に関する教育の位置ということができるでしょう。いいかえれば，その人がもっている成長可能性，そこにターゲットを当てて教育をする，ということでしょう。

4．高齢者の生活・行動と心理

　高齢化社会の中にあって，「高齢者の生活・行動と心理」を「発達と学習」

---

*子どもが新しいことにチャレンジする際に，自分一人だけの力でそれを達成できる水準と，大人がほんのちょっと手助けをすることで達成することができる水準があります。その二つの水準のズレをヴィゴツキーは発達の最近接領域と呼びました。

という観点からみておくことは重要です。高齢者が健康的な生活を営むには，新しい事態への学習とこれまでの習慣，すなわち記憶をうまく融合していくことが必要です。いくら高齢者でも，記憶の中の過去の中でのみ生きていれば，心が萎えてきます。新しくひ孫が生まれ，そこから新しい人間関係ができ，これまでみたこともなかったおもちゃや機器に接するといったことは現実に起こってきます。高齢者だって発達と学習を繰り返しているのです。もう少し，詳しくみてみましょう。

(1) 記　憶

記憶は，**記銘→保持→想起**の過程（プロセス）で成り立っています。人間の情報処理システムとしての記憶の重要性は5章で述べますが，記憶は知的な活動と結びついており，一度記憶したものが失われたり歪められて記憶されたりといった**記憶障害**が出てくると心理的にも，また，生活・行動においても悪影響が出てきます。記憶障害は高齢者だけの問題ではありませんが，次のようにまとめられます。

＜情報ボックス 3-3＞

回想法（reminiscence therapy：RT）
　古い写真や記念品を素材にして，過去のさまざまな経験を回想し，人生経験を話すことで記憶や思い出を呼び起こし，人生の価値や目的，成果や失望，喜びや悲しみとは何かを探る方法。援助者が高齢者と心を通い合わせ（ラポール），高齢者のこれまでの生活や経験を理解することによって，現在の高齢者の言動の意味を的確に理解できるようになり，コミュニケーションを深めることができるといわれている。ライフレビュー（life review）と同義。

リアリティ・オリエンテーション（Reality Orientation：RO）
　認知症の患者に対する精神・行動療法的アプローチの一つであり，見当識訓練または現実見当識と訳されている。トールビー（Taulbee, L.）とフォルサム（Folsom, J.C.）によって創始され，各国に広まったとされる。この訓練は，障害を受けた現実認識を再教育，または，現存する認知機能を維持しようとするアプローチである。

①　認知症などの影響による逆行健忘（記憶保持や再生にかかわる記憶障害であり，獲得した知識や技能においては新しい記憶を忘れやすい，過去に記憶されたものを思い出す順序を混同します）
②　脳の器質変化が原因とされる順行性健忘（前向健忘：記銘の過程の障害と考えられ，新しい体験が覚えられない，過去体験と結びつけられません）
③　感情的抑圧（欲求が満たされないことが続くと，そのこと自体を思い出せなくすることによって自分を防衛します）

　記憶は，単なる情報を覚えている，といったものではなく，自分が何者であるか，自分が自分である，というアイデンティティ（identity）にかかわるものですので，人間にとって非常に大きな意味をもっています。その意味で，認知症を患い，記憶障害を起こすというのは，どれだけ重い障害を抱えることになるのか，自分が自分であるという感覚をもてなくなることがどのようなことなのか，まだ認知症になっていないわたしたちが考えておかなければならないことでしょう。認知症の治療に回想法が用いられたりしていますが，これは単に認知症高齢者に昔のことを思い出して懐かしんでもらうだけでなく，その昔の感覚を今（現実世界）に接続させてほしいという学習と発達の観点が含まれています。回想法のほかにも**リアリティ・オリエンテーション**（RO）などのアプローチがあります。

(2)　知　　能

　知能とは，思考・抽象・判断など高次の知的能力の総体であり，言語・認知・行為・記憶などを前提条件として，行動面では生活環境への適応，生活課題の解決，目標到達にかかわるものだといわれています。細かくいえば，研究者によってさまざまな定義がありますが，ここでは一般に使われているように，知的な生活をする能力と表現しておきましょう。従来，高齢者の知的な生活に関しては，①考えることが億劫になる，②覚えたことでもすぐ忘れる，③加齢とともに多くの情報を処理する力が低下してくる，と考えられてきました。しかし，近年，高齢者への研究が進むにつれて，知的な生活をする能力に関して大きな個人差がみられ，さらに，同一個人でも能力の種類

によって違いがみられることがわかってきました。そして、繰り返し学習・訓練することによって、知的な生活の促進も進められています。

その知的な生活をする能力としての知能には、結晶性知能と流動性知能があるといわれています。**結晶性知能**とは、過去の学習経験を適用して得られた判断力や習慣（つまり経験の結果が結晶化されたもの）であり、経験や知識の豊富さや正確さと結びついている能力で、言語的な側面の知能です。それに対して、**流動性知能**とは、新しい場面への適応を必要とする際に働く能力であり、脳髄ないし個体の生理的成熟に密接に関係しています。一般に、流動性知能は加齢によって低下し始め、70歳を過ぎると急激に低下するといわれてきました。しかし、流動性知能は、高齢者になっても個人差は大きく、訓練や練習といった学習によって維持されることがわかっています。結晶性知能の方は、学校教育や社会経験と深く結びついて獲得されてきたものです。中年期の間ずっと維持され、60歳ころまで活発で、60歳代後半からゆっくり低下し始めるといわれているのが結晶性知能です。70歳過ぎてもシルバー大学や放送大学などで学んだり、いろいろな地域の活動に参加したりしている場合、結晶性知能は老いてますます英知として盛んである、ということがで

＜情報ボックス 3-4＞

結晶性知能と流動性知能（crystallized intelligence & fluid intelligence）
　キャッテル（Cattell, 1971）が知能因子説において提唱したもので、正式には結晶性一般能力（crystallized general ability）、流動性一般能力（fluid general ability）という。知能を構成している要素を因子分析によって抽出したものを知能因子と呼ぶが、知能因子に関する学説には、二因子説、多因子説、階層群因子説などがある中で、キャッテルはサーストン（Thurstone, 1938）の多因子説に賛成しつつも、因子分析の結果、多因子から構成される知能構造は結晶性知能と流動性知能という二つの共通因子によって単純化できるとし、結晶性知能と流動性知能を主張した。簡単にいえば、結晶性知能とはこれまでの学習経験を結晶化させたもので、流動性知能とは新しい場面への適応を必要とする際に働くものである。結晶性知能は、流動性知能を基盤とはするが、経験の機会など環境、文化に影響されると考えられている。

きます。すなわち，言語や経験によって獲得された結晶性知能は，高齢になっても維持される可能性は高いのです。

(3) 創　造　性

　トーランス（Torrance, 1962）は，**創造性**を，ある種の不足を感知し，それに関する考えを形成し，その考えを検証し，その結果を人に伝達するプロセスを経て，**何か新しい独創的なものを生み出すこと**である，ととらえています。思考の速さ，柔軟性，独創性から創造性をとらえた創造性検査を用い，ヤクイッシュとリプル（Jaquish & Ripple, 1981）は年代別の創造性得点の比較をしています。その結果は，40～60歳の群がもっとも創造性得点が高く，61～84歳の群がもっとも下がってはいますが，思考の柔軟性や独創性に関して，18～25歳の群，26～39歳の群と比べてそこまで差は見出されていません。

　アインシュタイン（Albert　Einstein：1879～1955）のように理系の人の場合，若いころにすごく創造的であったという人がいる一方，人間国宝の芸術家がいたり，晩年になって活躍し始める人がいたりして，分野によって異なっており，創造性と年齢は一概には関係しているとはいえないのかもしれません。

(4) 視力と聴力

　高齢者の生活を考える際，基本的なことですが，視力と聴力は無視できません。視力は10歳代に最高になり，50歳前後から急速に低下します。「老眼」といわれると，それだけで落ち込んでしまいます。老眼は，水晶体が弾力を失って膨らまなくなっていく状態です。視力の低下によって，①小さい文字が見えにくくなり手元でも細かい作業がしづらくなります，②遠近感を把握しづらくなります，③視野が狭くなります，④色合い（とくに青や紺などの寒色系）の判断能力の低下が起こります，⑤まぶしさを強く感じるようになります，⑥明暗への順応が遅くなります，⑦20歳代の平均視力に比べると4割程度の視力になります。さらに，目に入る光の量の調節能力と入ってきた光に対する細胞の感度が低下します。赤や緑などの色は，黄を帯びた色

に知覚されているといわれています。

　上記のようなことが自分の身に起こってきたことを考えてください。新しく買った家電の説明書が読みにくくなり，これまで家電大好きだった人が急に新しいものに拒否反応を示すようになることもあります。高齢者は新しいものに拒否反応を示す，といわれることがありますが，それは単純なことがらが悪循環した結果だということができるでしょう。

　高齢者が周囲とのかかわりを含めて発達と学習のかかわりに折り合いをつけていけると，新しいものへも適応することは可能です。実際のところ，携帯電話の高度な機能を使いこなす高齢者もいます。ただ，上記のような視力の特徴から，高齢者の奥行き知覚や対象の移動をとらえる動体視力が低下し，その結果，錯視が出てくる可能性があります。その結果，対向車との距離や速度の知覚・判断が難しくなっていますので，現在の道路事情や車の安全対策のレベルでは，車での事故が起こります。社会自体も道路での安全性，車の安全性に目を向ける必要がありますが，高齢者も自分が車を運転するとき，歩行者として道路を渡るとき，余裕をもった行動が必要です。安全第一ですから。

　また，聴力に関して，40歳ころまでは若年層とあまり変わらない聴力をもっていますが，40歳代後半から全周波数帯域において感度低下がみられ，とくに1,000 Hz（ヘルツ）以上の高周波数帯域における低下が著しいといわれています。つまり，高齢者は，高い声や音が聞き取りにくいのです。もっと具体的にいえば，一般に，高齢者は男性の声より女性の声が聞き取りにくいのです。女性が高齢者に話しかける際，「おじいちゃん！」と呼びかけて，聞こえていない様子でしたら，金切り声をあげて呼びかけてはいけません（さらに高周波になってしまいます）。周波数を下げ，しっかりした大きい声（高い声ではありません）で呼びかけてください。さらに，高齢者は，会話の速度が速い場合には，それぞれの音を弁別する力も低下してきます。背景に雑音があったりすると，さらに弁別が難しくなります。高齢者の周囲にいる人のさりげない気配りで，高齢者の発達と学習は折り合いをつけてくることがあります。その折り合いがつけられるよう，生活環境に気を配る必要があるでしょう。

ときどき，補聴器を使うことによって，外出を嫌っていた高齢者が外出をし始めたり，会話を嫌っていた高齢者が話をするようになったり，といったことが起こっています。いかに聴力が，本人の自分から外への関心に影響するか，さらに，対人関係に影響しているかです。しかし，くれぐれも補聴器は，本人に適したものを使ってください。人によって聞こえの悪い周波数域が違っています。すべての周波数域で音を上げると，聞こえている音域がうるさくてたまりません。雑音を拾うことにもなります。高齢者は一度，うるさくていやだといい出したら，なかなかその考えを変えませんので，くれぐれもその人にあった補聴器を使ってください。周囲への興味・関心が薄れる前に，詳しい聴力検査をしてみてはいかがでしょうか。

視力と聴力は，単純なことのようですが，生活に結びつく大事な要因です。高齢者がもっている生きる力を最大限使うに当たっても視力と聴力はできるだけ維持し，日々の学習を生活に活かせるようにしましょう。

(5) 感情とパーソナリティ

日々の生活の中での感情とその人のパーソナリティは関係があります。ルイス（Lewis, 2000）は，日々の生活の中での感情が，発達という時間レベルでその人のパーソナリティをつくりあげている，と述べています。一般にいわれている高齢者像（高齢者のパーソナリティ）は，「不安が高く頑固で自己中心的，わがままで怒りっぽい」というものと「穏やかで悟りきって長老的」といった両極端なものがあります。高齢者の感情とパーソナリティは，ここまで生きてきた発達と学習の相互作用の結果なので，振れ幅が広くなり，個人差も大きいことは当然のことかもしれません。

感情とパーソナリティを話題にする際，注目しておきたいことは**自尊感情**（self-esteem）と呼ばれるものです。自尊感情とは，人が自分に対して下す自己評価の感情で，自分自身を尊敬し，価値ある人間であると考える，その程度のことです。ローゼンバーグ（Rosenberg, 1965）は，自尊感情が高いということは，自分を「非常によい」と考えることではなく，「これでよい」と考える感情だと指摘しています。また，他者と比べて自分を高く評価するというよりも，むしろ，自分の中で納得のいく自分であることであり，重要な

他者に承認・肯定・尊重されていることが自尊感情を高く保つことになります。逆に，自尊感情が低いということは，他者より自分が劣っているというよりも，自分が感じている自己に対して承認や尊敬を欠いているということを意味し，自己否定，自己への軽蔑の感情を示すことになります。サリヴァン（Sullivan, 1947）は，人間は自尊感情を失うことを恐れており，そのために不安になると主張しました。自分の価値を他者からの評価によって決定する傾向のある人は，自尊感情が低くなりやすいといわれています。これまでの研究から，一般的に，自尊感情は成人期と老年期は一貫しており，加齢の影響はみられないとされています。自尊感情には年齢以外の要因（例えば，時代にともなう社会的および個人的な生活の要因）が影響している可能性があります。これは，先ほど述べた発達と学習の相互作用の結果が感情（ここでは自尊感情）とパーソナリティになっている，ということにほかなりません。

　下仲（1997）は，パーソナリティの加齢による変化は相対的に少ないということを指摘し，進藤（2004）は，従来言われていた高齢者の慎重，用心深い，頑固，抑うつ的，心気的，内向的などの衰退的・否定的な特徴に関して再検討が必要なことを指摘しています。折茂（1999）は，一般に加齢にともなうパーソナリティの変化は，①拡大型（生来のパーソナリティが加齢とともにますますはっきり現れる），②反動型（生来のパーソナリティと反対の方向に変化する），③円熟型（全体に調和がとれ円満となる）があると述べています。いずれにせよ，高齢者の感情とパーソナリティの変化は，加齢による変化というよりは，社会環境の変化によっている部分が大きく，発達と学習という相互作用の中で考えていかねばなりません。

第2部
コミュニケーションは相互作用

関心のあるのは「自分」だけですか？
コミュニケーションは必要ない？
エリクソンが気にしていた「他者」への意識はどうなったの？

コミュニケーションをとれないということが，「問診がとれない医療関係者」や「高齢者の気持ちがくめない介護スタッフ」を生み出しています。

夏に向かう富士山（撮影地，山梨・河口湖カチカチ山）──さあ，余裕をもって頂上を目指しましょう

*

人間の人生は意外と簡単なことで変わります。
あることを行動に移しただけで大きな転換に結びつくことがあります。
怖いのは，「自分はできない」，「自分は他者(ひと)から悪く思われているのではないか」という思い込みです。
そのような思い込みは，コミュニケーションによってしか崩せません。
まずは，コミュニケーションをとるという小さな一歩を踏み出しましょう。
小さな一歩が大きな一歩になるかもしれません。

4 章

コミュニケーションとは

1．コミュニケーションの定義と概念

　一般に，コミュニケーション（communication）とは，次のように説明されています（『広辞苑』第六版）。①社会生活を営む人間の間に行われる知覚・感情・思考の伝達。言語・文字その他視覚・聴覚に訴える各種のものを媒介とする。②［生］動物個体間での，身振りや音声・匂いなどによる情報。簡単にいってしまえば，コミュニケーションは情報のやりとりですが，人間にとって重要で，身近なものであるがために，いろいろな学問分野の研究者がコミュニケーションについていろいろな定義・概念を提出してきました。そこで，深田（1998）は，従来のコミュニケーションという用語の使われ方を整理し，次の三つの過程ならびに基本概念に集約されるとしています。
① 相互作用過程（当事者が互いに働きかけ，応答しあう相互作用過程がコミュニケーションだとする）：コミュニケーションを通して相互理解と相互関係が成立します。
② 意味伝達過程（一方から他方へ意味を伝達する過程をコミュニケーションだとする）：コミュニケーションを通して当事者は意味が共有できます。
③ 影響過程（一方が他方に影響を及ぼす過程がコミュニケーションだとする）：コミュニケーションを通して，人間は他者に影響を与えることができます。
　このまとめから，コミュニケーションはある種のプロセスだととらえられ

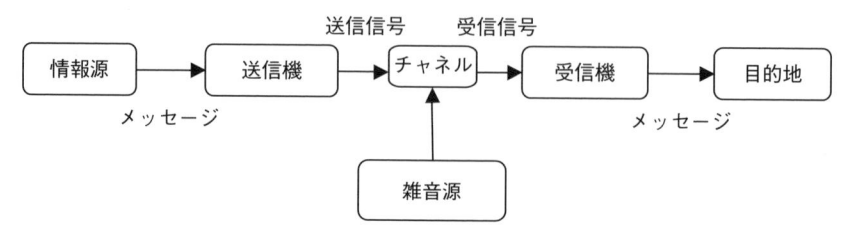

```
                    送信信号    受信信号
┌─────┐   ┌─────┐   ┌─────┐   ┌─────┐   ┌─────┐
│情報源│→ │送信機│→ │チャネル│→ │受信機│→ │目的地│
└─────┘   └─────┘   └─────┘   └─────┘   └─────┘
     メッセージ          ↑          メッセージ
                    ┌─────┐
                    │雑音源│
                    └─────┘
```

図 4-1　シャノンとウィーヴァーのコミュニケーションモデル（Shannon & Weaver, 1949）

ていることがわかります。こうした観点からシャノンとウィーヴァー（Shannon & Weaver, 1949）は，コミュニケーションモデルを提出しました（図 4-1）。このモデルは，情報通信のために考えられたものですが，輸送（transfer）のメタファーに基づいています。つまり，情報（メッセージ）の移動は基本的に物資や人の移動と同じであり，ある人が発した言葉（情報源のメッセージ）が相手の人に届く（メッセージが目的地に着く）ということですが，みなさん気づいたでしょう，ここで問題になるのは，メッセージの表面的な形式ではなく，メッセージという情報の意味の伝達・受け渡しなのです。人間は，情報を送るときその情報に意味をもたせ（符号化），そして，伝えられた情報を受けるときその情報の意味を見いだします（解読化）。したがってこのモデルは，情報源から発せられた情報が送信機において符号化（encoding）され伝達プロセスにのり，そしてチャネル（通話路）を通して受信機へ送信され，さらに，受

＜情報ボックス 4-1＞

符号化（エンコーディング，encoding）**と解読化**（デコーディング，decoding）

　記号論の用語で，あるモノ，情景，思想・考え，などのメッセージを他人にわかる言葉，ないしは機械・電子送信のできる符号・信号に変換することをエンコーディングと呼び，その逆のプロセスをデコーディングという。そこから転じて，情報を個人的な段階から他人にわかる一般的なかたちに表現し直すことをエンコーディング，また，送信されてきた情報の意味を受信者の文脈で解釈できるようにアレンジすることをデコーディングということもある。

信機において受信した符号化された情報の解読化（decoding）がおこなわれることを示しています。この符号化と解読化には，情報の送り手と受け手それぞれの思考特徴・能力（5章で述べるスキーマです）が反映されます。

2．コミュニケーションの原型

　現代社会に生きるみなさんは，誰かと連絡をとるというと，メールを使う，といったことをすぐに思い浮かべるでしょう。現代社会におけるコミュニケーションのとり方の特徴を考えるに当たって，逆に，コミュニケーションの原型をとらえてみると，その特徴がはっきりしてきますので，原型をとらえてみましょう。

　コミュニケーションは，通常，言葉というシンボル（符号）を通してなされますが，言葉のほかにも人と人との接触を引き起こす刺激様態はいろいろあります。ウィーヴァー（Weaver, 1949）は，「うなずくとか，まばたきをする，ジャングルの中の太鼓の音，信号の点滅，過去の出来事を思い出させる音楽の一小節，…バレエの動きとポーズ，これらすべてのものは，人間が概念を伝達するために用いる手段である。」（p.11）と述べています。声の抑揚，顔の表情，そして身体表現（ジェスチャー）は，それ自体がすばらしいコミュニケーションのメディアなのです。そして，それらを言葉といっしょに使用することによって，正確に自分の意図した内容を伝達することができます。言葉だけでは，その行間にある意味が伝わらない場合があります。そのようなとき，声の抑揚，顔の表現，身体表現などが大きな意味をもってくるのであり，例えば，アメリカ先住民のズーニ族は「自分の意見を完璧に，知的にするために，顔をゆがめ，身振りをつける必要がある」と考え，アフリカ南部に住むサン族は「言葉というものは，その意味を明確にさせるために，たくさんの身振りなどのサインを必要とするので，言葉は暗闇の中では理解しにくい」と述べているのです（Thomas, 1937, p.706）。

(1) コミュニケーションの非言語的様態
　言語よりも非言語的なサインは，感情や態度のような複雑な要因を扱うと

きに役立つようです。ニューギニアのオロカイバ族は，何か生産物ができたことを近隣者に知らせるために近隣者の庭に小枝（sprig）を置きますが，それと同じ要領で，自分の感情の状態を示すのに小枝を使うことが報告されています（Thomas, 1937）。

　上記の例では，生産物ができたことを「知らせる」小枝という表面的なとらえ方ではなく，なぜ自分の畑で生産物ができたことを近隣者に知らせるのか，その裏にある相互扶助の精神（分かちあいの感覚：share），ならびに，感情を読み取っておく必要があります。「文明が進んだ」といわれますが，わたしたちの社会ではコミュニケーション手段が発達することによって，コミュニケーションの元来の意味が崩れてきているのかもしれません。

(2) 共感的コミュニケーション

　コミュニケーションの繊細で微妙な様態に共感（sympathy）といった話題がかかわってきます。親子関係を通して自我の発達におけるコミュニケーションの重要性について述べながら，サリヴァン（Sullivan, 1947）は，親からのサインとしての感情的な表現を理解する前に，子どもは感情的な伝染（contagion）または，霊的といってよいような交わり（communion）の影響があるのではないかと考えています。サリヴァンは，コミュニケーションの媒介として使用される言語の適切性は，人間の原初的で共感的反応（the primitive empathic response）に由来すると述べています。その話の流れを受けて，サリヴァンは，授乳の世話をされるとき乳幼児（サリヴァンは細かい発達段階を問題にしてはいません）は満足反応（the satisfaction response）と呼ばれる表出を示す，と述べています。

　　乳幼児にとってコミュニケーションは生物学的である。そして，それらの物事を見ることから，その親にとってもコミュニケーションは生物学的である。共感的つながり（the empathic linkage）のため，この乳幼児の満足反応に対する親の反応は乳幼児に快い感情を伝えるので，乳幼児はこの反応が力をもつのだということを学習することになるのである（p.8）。

この共感的コミュニケーションの客観的な分析は，おそらく顔の表情，態度の要素，筋肉の緊張などをあわせてなされるでしょう。手話などにおいても，共感的な非言語的シンボルの提示が求められます。どのようなコミュニケーションが達成されるかにかかわらず，この相互作用の存在は，コミュニケーション過程での非言語的要素の貢献を強調しています。

　実は，この共感的コミュニケーションは，今若者が気にしているコミュニケーションなのかもしれません。若者は話していて，なんとなく話がずれてしまう人，また，話の流れがつかめない人のことを「KY（空気が読めない）」と呼びますが，これは共感的コミュニケーションができない人のことを指しているのではないでしょうか。上記のサリヴァンの指摘から考えると，共感的コミュニケーションがとれない人は幼児期までに親との共感的コミュニケーションがとれていなかったのかもしれませんし，それ以降も，家族や地域の人，学校での友だちや先生と共感的反応がしっかりできていなかったのかもしれません。いずれにせよ，共感的コミュニケーションをとることができるようになるためには，経験と訓練が必要でしょう。現在，若者は人間関係への敏感さゆえ，コミュニケーションに関して非常に神経質になっており，「KY」と呼びながらコミュニケーションのあり方を気にしているように思います。

3．コミュニケーションの重要性

　コミュニケーションは人間が生きていくうえで重要である，ということは自明な話なのですが，その自明な話の根底には，コミュニケーションが基本的な社会過程だということを確認しておく必要があります。コミュニケーションは，ある人がほかの人に影響を与えたり，ほかの人から影響を与えられたりする手段なので，コミュニケーションは社会過程を媒介するものです。コミュニケーションは相互作用であり，人はコミュニケーションを通して社会的存在（social beings）になるのです。コミュニケーションがなければ人は仲間を作ることはありませんし，また，共同作業を営むこともないでしょう。さらに，支配―被支配などの権力関係が生じることもないでしょう。人が「人

間」と呼ばれるのは人と人の間にコミュニケーションがあるからです。

　発明や発見と呼ばれるものも，情報の積み重ねによるものであり，ある世代から次の世代にその概念が伝わり，その概念が発展して生み出されてきます。つまり，どのような発明・発見もコミュニケーションなくしては成り立たないのです。

　わたしたち人間が直接体験すること（実体験）から学ぶことと，他者とのコミュニケーション（TV，印刷物，会話，などのメディアを通してのもの）によって獲得されるものとを比較してみると，直接体験は非常に限定されていることがわかります。ハートレイとハートレイ（Hartley & Hartley, 1952）がいうように，人間社会は基本的に「相互協定の巨大なネットワーク」であるのかもしれません。協定というのは，文書化された契約（つまり，契約書）である場合もありますし，その社会で人間は何をすべきか（例：ある場面で適した行動――向社会的行動と呼ばれる），また，何をすべきでないのか（例：犯罪）といったことについて文書化はされていませんが，相互理解が成り立つものです。その協定の効果は常に一定というわけではなく，他者とコミュニケートする人間の能力によって異なります。また，言葉やほかのシンボルを媒体とするコミュニケーションによって，行動パターンを予期することができるようになり，お互いに何を期待しているのかといったことがわかるようになります。

4．フィードバックせよ

　さて，コミュニケーションが成り立っているのかどうかを確認するには，その場面において，「フィードバック（feedback）」と呼ばれるコミュニケーターによるコミュニケーションの効果を観察することが重要です。フィードバックは，コミュニケーションのいろいろな試みが成功したかどうかを検証します。コミュニケーションにおいて，情報の送り手が受け手と顔を合わせているのなら，情報の受け手の反応によってコミュニケーションが成功したかどうかを判断することは比較的容易です。ところが近年，若者は顔を合わせる，すなわち，対面でのコミュニケーションを嫌う傾向があります。実際

に相手の顔を見ずに、メールや電話でコミュニケーションをおこなうと、コミュニケーションツールの特徴からしてもあいまいさが増してくることになります。メールに"絵文字"などを使用し、雰囲気などを伝えようとしても、どうしても過大・過小という評価の問題が情報を送り手ならびに受け手双方に影響を及ぼし、適切な"ほどほど"の情報が伝わらない可能性があります。

　コミュニケーションが一連の行為への方向づけや説得力をもっているようなとき、そのコミュニケーションの成功を確認することは、経験を伝達したりアイデアを共有したりするときよりも容易でしょう。しかし、情報の伝達者が「わたしのいっていることがわかりますか？」と尋ねるのは適切ではありません。たとえ、情報の受け手が「わかります」と答えても、これは、期待された効果が達成されている、ということを示す反応ではありません。これでは、情報の送り手が受け手にわかってほしいと思っていることの確認にはなりません。この話題のポイントは、みなさんが「わたしのいっていることはわかりますか？」とか「はい、わかります」ということをほかの言語的シンボルに置き換えてみれば、はっきりしてくるでしょう。この即時フィードバックの欠乏は、高齢者にトイレに行くことを働きかけたり、歯磨きをするよう求めたりする特別な効果を達成する目的のためのコミュニケーションなどでも重要な課題になってきます。

5．ラポールを成立させよ

　相手をほめるつもりでいった言葉が誤解されて気まずくなった、などというようなことはありませんか？　こちらのいいたいポイントがきちんと伝わると嬉しいですね。伝わらないと悲しくなるし、人間関係のトラブルさえ起こってきます。逆に、相手のいいたいポイントをきちんとつかむと、仕事もスムーズにいきますし、人間関係もよくなってきます。そのように意思の疎通ができるということを**ラポール**（rapport：意思疎通性）がとれる、または、ラポールが成立するといいます（どういうわけか、福祉、医療の業界では、この言葉に関してフランス語読みを使っています）。

　ラポールという言葉は、もともとカウンセリングや心理療法において、治

療者とクライアントの間に存在する人間関係を指しており，心理治療が効果的に施されるためには，治療者は親密で温かい感情の交流をもつように心がけることが大切で，ラポールが治療の第一歩だと考えられてきました。カウンセリング場面では，治療者はクライアントに対して受容的態度で臨むことによって治療に有効なラポールが形成されると考えられてきたわけです。そこから，コミュニケーションの分野においてもラポールは重要視され，2人またはそれ以上の人たちの間で理解と相互信頼の関係を成立させ，維持する過程だととらえられ，相手の反応を引き出す能力だと考えられているのです。ラポールとは，相手を受け止め，相手とのあいだに信頼感を創り出すこと，相手と心の回路をつなぐこと，ということになるでしょう。

　実際のところ，業務の引き継ぎなどで，ラポールがとれていないと文字面だけの連絡になり大変なことになります。患者のAさんが昨晩から熱が出ているので気をつけて対応してください，要介護者のBさんが下痢をしているので気をつけて対応してください（アンダーラインの部分は日ごろは言語化しませんが，ラポールで引き出されます。時には，Aさんの病状特徴やBさんの行動特徴によって対応のしかたまでイメージ化されます），などの引き継ぎができていないと（引き継ぐ方は伝えたつもりでも，受ける方は理解していないなど），その後の対応が後手に回ることがあります。ラポールの成立は，治療者―被治療者，看護師―患者，介護スタッフ―要介護者，といった関係ばかりではなく，スタッフ同士の間にも必要なのです。

5章

コミュニケーションによって伝達されるもの

1. 情　　報

　コミュニケーションによって伝達されるものとしてまず挙げられるのが情報でしょう。情報（information）とは，①あることがらについてのしらせ，②判断を下したり行動を起こしたりするために必要な種々の媒体を介しての知識，と説明されています（『広辞苑』第六版）。施設の利用者に「これからお風呂に行きましょう」というときには，「お風呂の時間になりました」，「お風呂に行く準備をしてください」という情報が入っていますね。コミュニケーションによって情報が伝達されるというのは明らかですが，その情報の中身についてみてみましょう。

　一般的に，コミュニケーションを始めようとする人は，そのコミュニケーションプロセスを起こす目的をもっています。その目的は多岐にわたっていることもありますが，常に他者に影響を与える何かを創造する意思をもっているのです。友だちに「明日の授業は休講になったから，○○に行こう」と連絡するときには，○○に行くという行動を促しているのです。上記の「お風呂に行きましょう」というときには，お風呂に行くという行動を促しています。しかしながら，ときには，コミュニケーションの目的を欠いたようにも思えるメッセージが存在することに，みなさんは気づくでしょう。例えば，女子学生の中には，家に帰ってきて，夜，友だちと長々と電話でおしゃべりしている人がいます。緊急の連絡事項があるわけでもなく，その日の昼には学校で会っているし，明日はまた顔を合わせるのです。でも，"なんとなく"

話をしているということがあるのではないでしょうか。

ここでの話題は，コミュニケーションの機能という観点から考察することができます。すなわち，コミュニケーションの機能には二通りあり，一つは達成性コミュニケーションと呼ばれる課題達成性の目標がはっきりしているコミュニケーションで，もう一つはコンサマトリー性コミュニケーションと呼ばれる，任意で何気ないコミュニケーションです。

(1) 達成性コミュニケーション

「明日，どこどこで何時に会おう」といった課題をもったコミュニケーションを(課題)達成性コミュニケーションと呼びます。このコミュニケーションの場合，明らかに目的をもっています。そして，そのコミュニケーションの結果(product)が問題となります。すなわち，会う約束をしていて，実際に会うことができればそのコミュニケーションは成功であったし，会うことができなければそのコミュニケーションは失敗であったということがいえます。このコミュニケーションは，目標達成の手段(道具)となるので**道具的コミュニケーション**(instrumental communication)とも呼ばれます。結果志向のコミュニケーションです。

達成性コミュニケーションの目標としては，課題達成目標のほか，娯楽目標，フェイス目標(他者に対して自分の「自尊心」を高揚させたり，「体面」を維持するなどの印象操作にかかわる)，社会的現実維持目標，社会関係目標などが考えられます。

(2) コンサマトリー性コミュニケーション

上記の女子学生(最近は男子学生も同様のケースが出てきているようです)が電話でとくに用もないのに"なんとなく"話をしているといった任意で何気ないコミュニケーションをコンサマトリー性コミュニケーション(consummatory communication: consüme—消費する)と呼びます。会話自体を楽しんでおり，会話をすることそれ自体が目的であるといったコミュニケーションであり，自己充足的コミュニケーションとも訳されます。このコミュニケーションは，過程(process)志向，過程重視だといわれます。このよ

うなコミュニケーションを始める人も，そのコミュニケーションの裏において何かを表現しています。

2．感　　情

コンサマトリー性コミュニケーションにおける情報の中身とは何かと考えたとき，すぐわかるでしょう。それは感情です。なんとなく言語情報を流しながら，「あなたとわたしはつながっている。あなたと話していると心が落ち着く。癒される」といった感情を伝えあっているのです。感情は，達成性コミュニケーションにおいても情報の中に入っています。声のトーン，口調，対面コミュニケーションであれば顔の表情，目の動き，などに感情は出ており，親しみやすさや威圧感などを伝えているのです。

患者や要介護者に話しかける際にも，感情が伝達されていることに気をつけなければ，拒否されたり，抵抗を受けたりします。温かい感情で接すると，患者や要介護者も「ハイハイ」と気持ちよく反応してくれます。

3．人間の情報処理システム

人間の情報のとらえ方を考える際，アトキンソンとシフリン（Atkinson & Shiffrin, 1968）が提出した情報処理モデル（図 5-1）は役に立ちます。環境の中で，メディアを通して人間に入ってくる情報は，まず耳や目といった感覚登録器（または，感覚受容器ともいう）に入ります。ここでの情報は，まだ処理されておらず，そのままにしておくと忘却してしまいます。昔の人がいったように，情報は「右の耳から左の耳」へ出ていくのです。アテンション（attention：注目）とパターン認識（pattern recognition）がかかった情報は感覚登録器から短期貯蔵庫に入ります。短期貯蔵庫に入った情報は，数秒から数十秒単位の短い間，ここにとどまります。したがって，この情報は短期記憶（情報）と呼ばれます。短期記憶情報は，その情報を意識している間はそこにとどまっていますが，意識が外れると忘却してしまいます。また，短期貯蔵庫の容量には限界があり（Miller, 1956 の研究では，7±2），今ある情報を

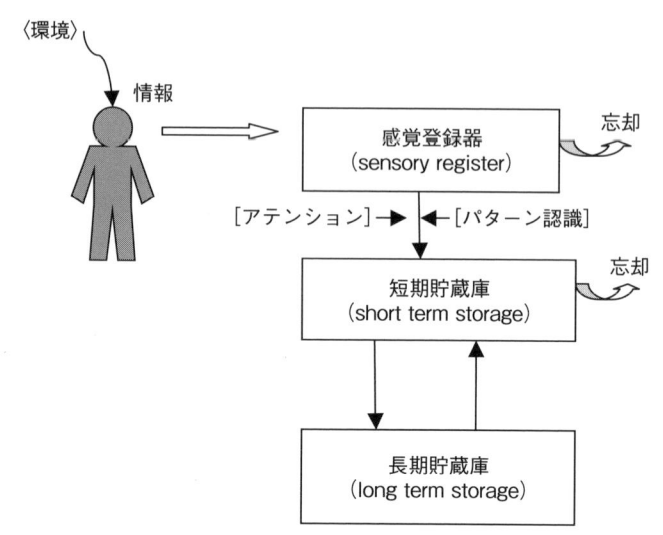

図5-1 アトキンソンとシフリンによる情報処理モデル（Atkinson & Shiffrin, 1968）

短期貯蔵庫から出さなければ，次の情報を処理できません。この短期貯蔵庫の情報処理に関しては，ワーキングメモリー（作動記憶，作業記憶などと呼ばれる）が近年注目を集めており，先ほど食べた食事のことを忘れ「食事はまだかね？」と尋ねたり，先ほど会った人の名前を忘れたりするという度忘れとは質的に異なる認知症が，このワーキングメモリーの障害から現出するといわれています。

さて，短期貯蔵庫から情報を出すのには二つの道があります。一つは，忘却です。もう一つは，リハーサルを繰り返しながら，情報に意味をもたせることによって，長期貯蔵庫に移行させることです。長期貯蔵庫に入った情報は，半永久的記憶と呼ばれ，交通事故などで脳にダメージを与えたりしなければ，その人が死ぬまでそこに入っていることになります。長期貯蔵庫の情報は，無意識レベルで蓄えられており，日ごろ，意識していないからといって忘れているわけではなく，何かのきっかけでふっと昔のことなどを思い出したりします。ここでの情報はネットワークをなしており，ある情報が刺激されれば，それと結びついているほかの情報も芋づる式に出てくる可能性をもっています。また，長期貯蔵庫の情報はスキーマ（情報のかたまり）をもって

おり，新しい情報が入ってくる際，無意識に判断，解釈する役目をもっています。スキーマは，どのような情報にアテンションをかけるのか，また，パターン認識にも影響をもっており，情報処理には長期貯蔵庫の情報が大きな影響を与えています。日ごろは無意識レベルにある長期貯蔵庫の情報は，ときどき意識レベルに上がってきて，短期貯蔵庫で処理されては長期貯蔵庫に戻されるといった検索，保存過程を繰り返している可能性もあります。

4．コミュニケーションのゆがみ

　コミュニケーションにおいてはさまざまなゆがみが生ずることが，日常生活を考えてもわかります。ほめたつもりでいったことが別の意味にとられていたり，会う時間の約束をしたつもりが相手にとっては別の日時になっていたり，行き違い・齟齬（食い違い）などいろいろなコミュニケーションのゆがみが出現します。図 4-1 (p.52) の通信モデルでも，符号化された情報がチャネルを通過する際に，雑音源からの影響を受けることが示されています。例えば，チャネルとして電話を使用した場合を考えてみましょう。まず，情報の受け手は対面状況では得られる，送り手からの視覚情報を受け取ることができません。さらに，送り手および受け手のコンピテンスの特徴があり，送り手が伝達したいと考えている内容を十分に符号化できないために，あるいは受け手が符号化されたメッセージの意味を十分に解読できないために起こるコミュニケーションのゆがみです。さらにまた，符号の意味が共有できているかどうかの問題で，送り手と受け手がそれぞれ符号化・解読化において十分なコンピテンスをもっていても符号の意味が違えば，そこでゆがみが生じます。

　そして，もう一つは，コンテクスト（文脈）の問題です。他者の話に途中から加わった場合，話の文脈をつかむまではなかなか発言できないように，コミュニケーションがどのような文脈において展開されているか理解できていなければ，コミュニケーションにゆがみが生じます。

　コミュニケーションのゆがみに関して，知っておいてほしい話題があります。それは，情報処理の話をする際どうしてもこの言葉が必要ですので，す

でに使っていますが，**スキーマ**（schema）という専門用語にかかわる話題です。実は，わたしたち人間は，コミュニケーションをとる際，先に述べた情報処理モデルの長期貯蔵庫にある情報を，常に無意識に使用しています。あの人のいっていることはこういうことなのだといった解釈・判断を長期貯蔵庫の中にある情報からおこなっています。長期貯蔵庫の中にあるすべての情報が使われているわけではありません。その人の思考のくせがあり，「○○といわれたら，〜という意味だ」という限られた情報からの枠組みをもった解釈・判断をおこないます。すなわち，**スキーマとは，**（新しい情報が入ってきたとき）**無意識に作用する枠組みをもった既有情報**（すでに長期貯蔵庫に入っているという意味）と定義することができます。このスキーマがあるために，コミュニケーションがスムーズに運ぶという面もありますが，逆に，それぞれの人のスキーマが異なっていると，まったく違ってとらえられることもあるわけです。わたしたちの日常生活の会話は，録音して聞き直してみればわかりますが（やりたくないでしょうけど），かなりいい加減です。「昨日，

＜情報ボックス5-1＞

スキーマ（schema）
　長期貯蔵庫の中にあって，新しい情報などが入ってくる際，無意識に作用する枠組みをもった既有（知識）情報。情報の解釈・判断・推理などに影響を与える。情報のかたまりともいう。多くの人が共通してもっているスキーマ（知識・常識）を普遍的スキーマといい，個人的な解釈・判断に影響を与えるスキーマを個人的スキーマと呼ぶ。コミュニケーションの際，作用する。

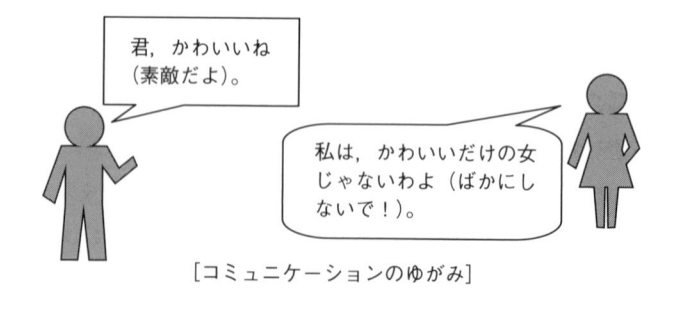

君，かわいいね
（素敵だよ）。

私は，かわいいだけの女じゃないわよ（ばかにしないで！）。

［コミュニケーションのゆがみ］

アイツから電話がかかってきて,実習先の指導者とまた,アレやっちゃって,やめたい,などと愚痴るんだよね。ウザインだよね。」あなたが,この話し手の友だちなら,状況が一応わかっているでしょうから,既有情報を作用させ,アイツとは誰なのか,アレやっちゃったのは何をやったのか,やめたいのは何をやめたいのか,また,この話し手の感情(アイツのことをどうしようもない奴だと思っているのか,ウザイとかいいながら実際はアイツのことを心配しているのか)がわかるでしょう。そこで,無意識に働いているのがスキーマなのですが,話し手のスキーマとあなたのスキーマが食い違っており,話し手がこのような意味でいっているのに,あなたが別の意味でとらえてしまったということが起こると,後日,この話し手とアイツが仲よく話しているのをみて,あなたは,「この前,アイツのことをウザイとかいっておいて,だまされた」などと怒りをもつことになるかもしれません。

　くれぐれもスキーマ自体は,善でも悪でもありません。意味を解釈・判断し,コミュニケーションを促進するのもスキーマですし,誤解釈をして判断ミスを生じさせるのもスキーマです。主体はあくまでも人間ですし,あなたなので,スキーマの作用のさせ方がコミュニケーションのゆがみを生じてくるのだということをわかっておいてください。

5. コミュニケーションは相互作用を大切に

　わたしたちはここで,「コミュニケーションは相互作用である」という重要な指摘にたどり着きます。コミュニケーションは,通常,人と人とのあいだでの刺激と反応を含む双方向の働きかけであり,コミュニケーションは相互的で交替するものです。一連のコミュニケーションの中で,それぞれの情報は,刺激であり反応でもありうるのです。

　この話題は,すぐに反応を返してこない患者や要介護者にもあてはまります。もし,コミュニケーションが成功なら患者・要介護者は時間が経ってからいろいろな方法で反応してくるし,その反応は次に起こるコミュニケーションに影響を与えます。コミュニケーションの発端と反応との間の時間の長さは,反応が起こるかどうかに関係しないし,患者・要介護者への影響があ

るかどうかという事実を変えることもありません。例えば，治療者（看護師でも介護者でもよい）は，患者（要介護者）からのその治療（看護・介護）に対する反応が起こるまで待たなければなりませんし，それはこれからの治療の流れ，治療のあり方に影響を与えることになります。実際に，治療者が直面する困難さは，患者の反応をチェックする方法です。治療者は，この先成功する治療方法を計画するために，自分の治療効果について知っておく必要があります。対応方法が効果をもたらさないという反応は，それ自体，コミュニケーションのイニシエーター（この場合，治療者・看護者・介護者）に対するメッセージなのです。

　相互作用の重要性は，乳幼児が，その集団で使用されるコミュニケーションシンボルを獲得する態度においてもみられます。サリヴァン（Sullivan, 1947）は，言語的なトリック（例えば，「マー」というような）を使うようになれば，その乳幼児は大人から強い反応を受けるようになる，と指摘しています。そのような大人からの反応は乳幼児にとって重要であり，乳幼児の自己達成に暗黙のうちに作用します。自分（乳幼児）が出した刺激情報によって大人（親など）の反応が引き出され，その大人の反応によって自分自身が刺激を受けるようになり，乳幼児はコミュニケーションの習慣の基本を発達するように喚起されるのです。乳幼児は，自分の発する言葉やジェスチャーに対する他者の反応から，自分自身の言葉やジェスチャーの意味を学習します。もし，コミュニケーションのひとつの様態が，自分の望む反応を達成しなければ，乳幼児は別の様態を試みるでしょう。このように乳幼児は，物事や行為や要求を表現する音の集まりや身体表現をつくり上げるのです。これらは，乳幼児が経験する感情や乳幼児がもっているもの，また，乳幼児がほしいと思っているもの，さらに，引き出したい行動についてのシンボルです。一般的に，子どもは，これらのシンボルを使用すると，どのようにその結果を獲得することができるのかについて学習するし，それによって，子どもは他者がそれらのものを使用するとき，同様な音や動きによって，他者が意味していることを学習するのです。

　個々人の社会化は，大部分が一般的に使用されているシンボルの意味を獲得することに依存しており，個々人はそのような意味を獲得した後で，はじ

めて自分自身に何が望まれているのか理解できます。いいかえると、個々人は、コミュニケーションを発展させ、他者との相互作用の結果としてコミュニケーションツールを獲得するのです。個々人のコミュニケーションに向けての学習は、自分の行動への他者の反応と、それに対する自分の反応、という2方向のプロセスを基盤にしているのです。

ハートレイとハートレイ（1952）は、新生児は感情の内的状態ゆえに泣いているのであって、何か効果を引き出したくて泣いているのではなく、その泣くことが満足を与えられる効果を繰り返し引き出した後、その泣くことは一つのコミュニケーション手段として考えられるようになる、と述べています。つまり、赤ちゃんの発声は、はじめは自己充足的コミュニケーションであり、その効果を学習した後、道具的コミュニケーションになるというのです。痛みによる絶叫やしかめ面、立ったり座ったりの姿勢、油絵・水彩画・彫刻、これらすべてのものは、内的状態の表現や反応にすぎないのかもしれません。しかし、それらの内的状態の表現や反応が他者に影響を与えるとき、コミュニケーションが起こってくるのです。一般には、効果・結果を生みだす意図があるとき、また、効果・結果を生みだすことに成功するときに、その行為はコミュニケーションの様態として考えられます。しかし、その他にも、意図をもたない何気ないコミュニケーションがあることがわかりました。ただし、この任意で何気ないコミュニケーションは、情報の送り手は何気なく話していても、それが情報の受け手にどのように伝わるのかは微妙な問題です。つまり、意図的なコミュニケーションと同様、誤解される可能性は十分にあるということは知っておく必要があるでしょう。

6．若者のコミュニケーション

ここまでコミュニケーションの概要についてみてきましたが、ここで、看護師や介護者になる若者のコミュニケーションのとり方について考えておきましょう。最近の若者はコミュニケーションがとれない、などと実習先の指導者によくいわれますが、若者には何か人間に対する先入観があるようにも思われます。つまり、人と話しても自分のことは受け入れてもらえないので

はないか，わかってもらえないのではないか，といった感覚がはじめからあり，構えをつくってしまっているようです。そして，恐る恐る患者や要介護者に話しかけてもなんとなく話がずれてしまいます。コミュニケーションのゆがみですね。前述しましたように，コミュニケーションのゆがみにはスキーマが影響しています。日ごろの生活の中で，電話では，相手の身振りが見えないという特徴があります。符号化手段として言語を用いたコミュニケーションを言語的コミュニケーションと呼び，表情や身振りなどの非言語を用いたコミュニケーションを非言語的コミュニケーションと呼ぶわけですが，電話ではその非言語的コミュニケーションの表情や身振りについては見えない（情報として相手に伝わらない）ゆえに，コミュニケーションにおいて，対面場面（相手と顔を直接会わせた場合）よりもゆがみが生じやすいと考えられてきました。しかしながらまだ，電話においては話し方の語調，言葉の間隔，溜息などの雰囲気情報は伝わります。今，若者たちの中には，対面場面を嫌い，また，電話よりもメールを好むという特徴が出てきています。メールでの絵文字，線描画の顔（泣き顔，笑顔等）などで雰囲気情報を伝えようとしていますが，どこまで行間が読めるのか，メールの難しいところです。そもそも，行間を読むといった深い付き合いはしたくない，表面的な付き合いでよいといった若者が増えているのかもしれません。若者たちの中には，構造的にコミュニケーションのゆがみが起こりやすいメディアの使い方をし，コミュニケーションの齟齬が起こることによって余計に人と直接会って話をすることを嫌い，他者とのかかわりの少ないメディア（媒介）に逃げ込むというダイナミカルシステム（岡林，2008）としての悪循環に陥っている人がいるように思われます。

　若者は，一度，自分のスキーマにある先入観（思い込み）を打ち砕き，自分自身をオープンにした方がよいのかもしれません。それを手助けしてくれるのが，まわりにいる重要な他者（significant others）であり，患者，要介護者，そして，高齢者なのかもしれません。少なくとも，コミュニケーションの楽しさを見いだし，相互作用を楽しんでもらいたいと思います。

7．コミュニケーションはすべての基礎

　コミュニケーション過程は，生命体の機能において社会的と呼ばれるものすべての基礎なのです。人間にとってコミュニケーションは個々人の発達の真髄であり，集団の形態や集団の維持にとってもなくてはならないものですし，個人間・集団間の相互作用・相互関係にとってもなくてはならないものです。

　心理学，社会学，またこれらの学問の学際的な位置づけにいる研究者の間でも，コミュニケーションについての単一の定義はまだ確立していませんが，主要な定義はすべて「相互作用（interaction）」と「効果（effect）」に言及しています。これまでの分析で，効果的なコミュニケーションには，少なくとも，①送り手，②受け手，③内容，④効果，という四つの要因が入っていることがわかっています。

　コミュニケーションは通常，言葉（verbal symbols）を通して起こってくると考えられがちですが，社会心理学的な分析からは，人間によって使用されるあらゆるシンボル（ジェスチャー，声の調子，顔の表情，ドラムのビート，旗，煙信号，狼煙，など）について注意を払わなければならないことが指摘されています。

　コミュニケーションに含まれる相互作用は，フィードバックにおいてみられます。このコミュニケーション過程の分析は，コミュニケーションの複雑さを示しています。というのは，情報の送り手はまた，情報の受け手であり，情報の受け手はまた，情報の送り手であるからです。ここで言及していることは，次の章（6章）でしっかりトレーニングしましょう。

第3部
心のしくみを知って,そして応用を!

学ぶことは,自分を変えること。自分が変わると,周囲も変わる。

おしゃべり好きと話し上手は
違います。

きちんと話せないのは,
聞けていないから。
ムカツク前に,
相手のいっていることを
聞き取ってみましょう。
きっと,世の中,違ってきますよ。

本栖湖の紅葉と富士山
—— さあ,実践です

6 章

コミュニケーション能力を高めよう
—— スピーチを通してのトレーニング ——

1. 話し上手は聞き上手

　第1部では，発達のしくみをとりあげました。そして，第2部では，コミュニケーションの重要性を指摘し，コミュニケーションの基本的な話題をとりあげました。第3部では，それらの知識をもとに応用に向けて踏み出しましょう。まず，この章では，介護・看護場面で，どのようなコミュニケーション能力が必要になるのかを考えてみましょう。

　日常生活の中でも，自分としては，このような意味でいったのに，相手は別の意味でとらえた，というようなことはときどき起こります。コミュニケーションの齟齬です（前章で導入の話をしました）。介護や看護の場面で使った言葉や態度が，患者や要介護者を傷つけたり，立腹させたりすることがあるかもしれません。日ごろ，意識していない自分のコミュニケーションに関する癖を知っておくことも必要でしょう。また，実習に行って，患者や要介護者に話しかけたのに，まるで相手にされなかった，という人もいるでしょう。「私は，人と話をするのが苦手！」と落ち込む前に，考えないといけないことがあります。実は，きちんと話せない人は，聞けていないことが多いのです。話し上手は聞き上手です。

2. 自己主張スキルと傾聴スキル

　心理学では，きちんと話をする心理的技術を**自己主張スキル**（assertion

skill）と呼び，きちんと話を聞く心理的技術を**傾聴スキル**（listening skill）と呼びます。きちんと話をする，というのは，自分の伝えたい，または，伝えなければならないポイントを本人がつかみ，伝える，ということです。自己主張というと，日本人は，わがままを通す，ということにつなげて考えますが，アサーションには，わがままという意味は入っていません。

　傾聴スキルも，ただ漫然と聞くのではなく，相手のいっているポイントをつかむということを重視しています。したがって，積極的傾聴といった言葉が出てくるわけですが，「聞」ではなく，「聴」を使っているところに，しっかりポイントをつかむという意味が込められています。

3．受容，共感的理解からラポールの成立へ

　介護や看護のいろいろな授業ならびにテキストでは，対象者とのラポールの成立が大事だといわれています。たしかに，ラポールの成立は，コミュニケーション，人間関係にとって大切なのですが，何回ラポールとお題目を唱えても，ラポールは成立しません。順番があるのです。まず，先に述べた，自己主張スキルならびに傾聴スキルが必要です。そして，その上に立って，相手を受容し，共感的に理解することによってラポールが成立してくるのです（図6-1）。

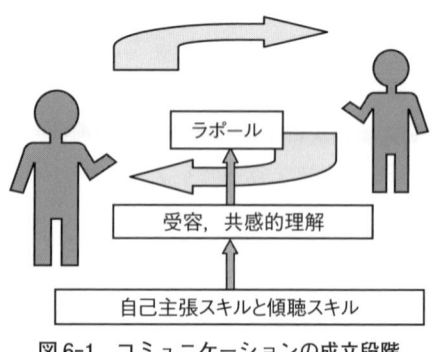

図6-1　コミュニケーションの成立段階

4．スピーチの実践

　これから，私が授業や研修でおこなっているスピーチの実践を報告しましょう。実際に，現場経験があり，コミュニケーション能力もそれなりに基礎はできているという人にはロールプレイングも可能ですが，ここでは，初心者の人にも受け入れやすい（実践者にとっても導入としておこないやすい）スピーチを取り上げます。つまり，方法・手段はほかにもあるということです。

① 　目的：コミュニケーション能力を高めるために，その基本となる自己主張スキルと傾聴スキルを養成します。
② 　課題：次の中からテーマを一つ選んでください。タイトルとしては，そのテーマをもとに設定してください。
　　1）　自分とは？（私について，自分の名前を入れ〇〇とは？—と自分を客体視してもかまいません）
　　2）　私の友人関係（とくに重要な友だちに絞ってもかまいません）
　　3）　私の家族関係（私と母とのかかわり，というように誰かを抽出してもかまいません）
　　4）　私の人間関係（その特徴をつかみます）
　　あくまでも，関係についてなので，紹介で終わらせないでください。
③ 　手順：図6-2に示しておきます。スピーチする時間は，3〜4分が適当です。3分以内だと具体例を挙げながら，自分のポイントを話しきれないし，5分以上のスピーチは本人が話したいポイントがわかっていないことが多く，聞いている方が飽きてきて，実際に聞いていません。したがって，3〜4分くらいがよいと思います。それぞれの人のスピーチに関して，聞いているフロアーの人には図6-3の評価票を記入してもらいます。そのデータをもとに，データ処理ならびにフィードバックをかけます。

5．データ処理とレジュメの作成

　それぞれの人のスピーチに対して，聞いているフロアーの人から記入され

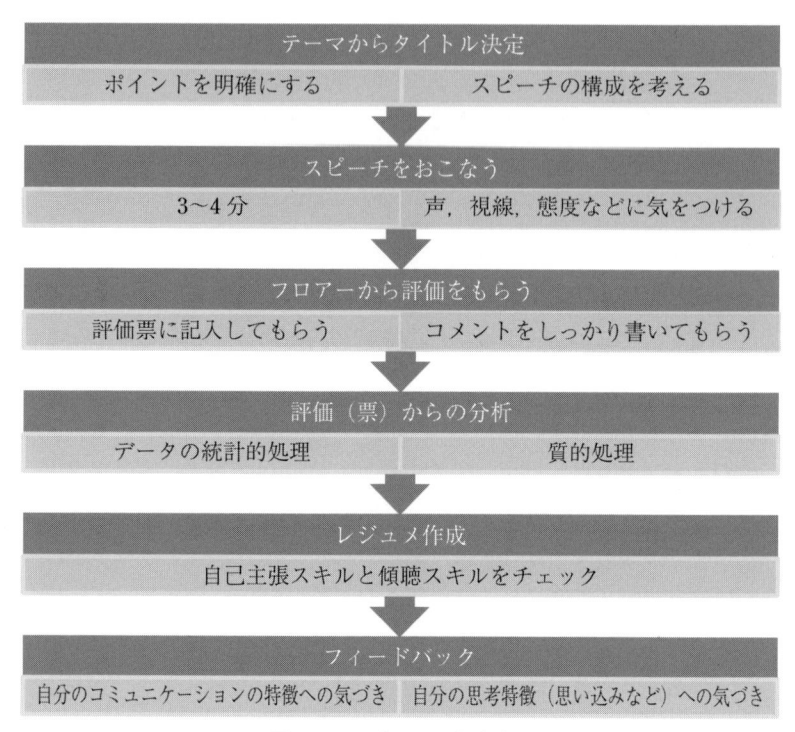

```
テーマからタイトル決定
  ポイントを明確にする        スピーチの構成を考える
              ↓
スピーチをおこなう
  3～4分             声,視線,態度などに気をつける
              ↓
フロアーから評価をもらう
  評価票に記入してもらう      コメントをしっかり書いてもらう
              ↓
評価（票）からの分析
  データの統計的処理         質的処理
              ↓
レジュメ作成
  自己主張スキルと傾聴スキルをチェック
              ↓
フィードバック
  自分のコミュニケーションの特徴への気づき  自分の思考特徴（思い込みなど）への気づき
```

図 6-2　スピーチの実践手順

た評価票が返ってきます。その評価データに基づき，データ処理をおこない，考察をおこないます。そして，それらのものをまとめたレジュメ（プレゼンテーション用の報告書）を作成します。現在おこなっている研修での実際のレジュメのフォーマットを図 6-4 に，その記入例を図 6-5 に紹介します。

評価票の各項目の点数は，「よくわかった」を 3 点，「まあまあ」を 2 点，「よくなかった」を 1 点にして，平均点と標準偏差を計算しています。平均点は，その評価の代表値（中心の傾向）を示し，標準偏差はばらつき（個人差の程度）を示していますので，あわせて検討すれば，聞いていたフロアーの受け取り方が概観できます。ちなみに，平均 ($\bar{X}$) を出す式は，

$$\bar{X} = \frac{\sum_{i=1}^{N} X_i}{N}$$

標準偏差（SD）を算出する式は，

5．データ処理とレジュメの作成　77

```
┌─────────────────────────────────────────────────────────┐
│                     評価票                               │
│                        ［発表者名：          ］          │
│  タイトル：_____              │
│                                                          │
│  ＊発表主旨は：       よくわかった  まあまあ  あまりわからなかった │
│  ＊タイトルと発表内容は：  一致していた  まあまあ  一致していなかった │
│  ＊アイデアは：       よかった    まあまあ  よくなかった │
│  ＊発表態度は：       よかった    まあまあ  よくなかった │
│  ＊発表方法は：       よかった    まあまあ  よくなかった │
│  ＊全体として：       よかった    まあまあ  よくなかった │
│    （理由：                                            ）│
│  ……………［コメント］　意見，感想，質問を下に書いてください……………  │
│                                                          │
└─────────────────────────────────────────────────────────┘
```

（注）評価者の名前は書きませんが，スピーチの発表者にそのまま渡しますので，発表者に伝わるように，そして，その書いた内容に責任がもてることを書いてください。

　各項目は，3択の中から選んで○をつけてください。中間部分の選択はなしです。「全体として」の項目は，○をつけた後，その理由を簡潔に書いてください。

　コメント欄は，スピーチ発表者のポイントをどのようにつかんだのか書き，自分も同じことがあったなどの体験とともに，どのようにすればさらに相手に伝わりやすくなるのかアドバイスなどを書いてください。

　　　　　　図6-3　スピーチ発表評価票

$$SD = \sqrt{\frac{\sum_{i=1}^{N}(X_i - \overline{X})^2}{N-1}}$$

です。ルート計算が入ってきますので，電卓を準備すればよいでしょう。

　このレジュメの「発表主旨」には，自分のスピーチで発表したかったポイントを記述しています。もともと，このようなことをスピーチしたかったのだが，みんなの前に立ったら，緊張していうことが違ったという場合には，その「もともと発表したかったこと」が発表主旨になります。

　評定の「各項目」については，上記の平均点と標準偏差が記入されており，プロフィールとして示されています。Nは自分のスピーチに対しての評価票を記入してくれた人数です。平均点は，3に近くなればなるほど高い評価ですし，1に近くなればなるほど低い評価です。標準偏差は，みんなが同じ評価

```
┌─────────────────────────────────────────────────────┐
│                  スピーチタイトル                    │
│                                      氏名            │
│  発表主旨                                            │
│                                                      │
│  評定                                                │
│            (よかった)(まあまあ)(よくなかった)        │
│               3        2        1   (平均点)(標準偏差)(人数) │
│  発表主旨は        ├────┼────┤                      │
│  タイトルと発表内容は                                │
│  一致していた      ├────┼────┤                      │
│  アイデアは        ├────┼────┤                      │
│  発表態度は        ├────┼────┤                      │
│  発表方法は        ├────┼────┤                      │
│  全体として        ├────┼────┤                      │
│     (理由：                              )           │
│  フロアーからの意見・感想・質問                      │
│                                                      │
│  上記に対する自分の反応                              │
│                                                      │
│  自分の自己主張スキルと傾聴スキルに関して            │
│                                                      │
│  誰のスピーチがどのような理由でよかった？            │
│                                                      │
└─────────────────────────────────────────────────────┘
```

図6-4 レジュメ（フォーマット）

であれば0ですし，ばらつきが大きくなればなるほど，数値が増えます。この場合，0.4以上の数が出てくれば，比較的ばらつきがあるととらえてよいでしょう。0.7以上になれば非常に大きなばらつきがあります。なぜそのような大きなばらつきが出てきたのか，なぜ人によってあなたのスピーチのとらえ方が違ったのか，その理由を考えてみる必要があります。平均と標準偏差はあわせて考察する必要があります。自分の話し方の特徴をまずは数値から検討しておきましょう。そして，「全体として」の項目は，その評価理由を

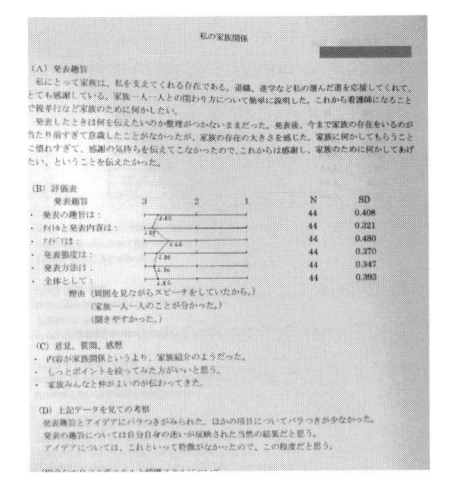

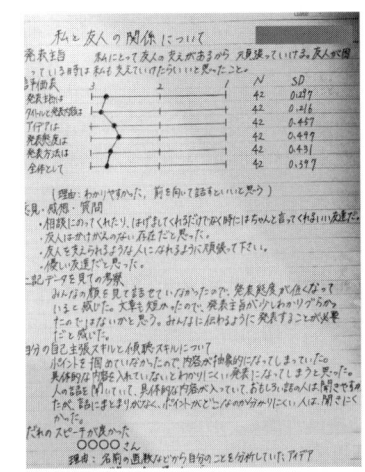

5．データ処理とレジュメの作成　79

図6-5　レジュメ（記入例）

書いてもらっていますので，その代表的な理由をレジュメに書き出しておきましょう。

「意見，感想，質問」を書いてもらったコメント欄は，しっかり読み取りま

＜情報ボックス6-1＞

データ処理

　心理学を含めて実証科学では，データを取り扱います。その際，収集したデータの代表値と散布度を示すことが必要である。収集したデータの**代表値**と**散布度**をあわせて，データの意味を考察しよう。

　代表値とは，データの分布の中心的な位置を表現するための要約統計量である。具体的には，平均値（算術平均，幾何平均，調和平均），中央値，最頻値がある。

　散布度とは，データの分布の広がりの程度を表す量の総称である。具体的には，平均偏差，標準偏差，分散，範囲，四分位偏差などがある。

　収集したデータの尺度（例．名義尺度，順序尺度，間隔尺度，比率尺度）によって，使用できる代表値と散布度は決まってくる。本章でのデータは間隔尺度なので，代表値には算術平均，散布度には標準偏差を使った。

しょう。そのコメントの意味を取り，レジュメに書きます。

　以上のことから，それらのデータに対する自分の考察，反応を「自分の反応」欄に記入してください。ここは，文章でしっかり書きましょう。ありがたい意見やアドバイスのほか，自分が意図しなかったことがフロアーから出てきていることもありますので，それらに対して，素直な反応を出してください。

　「自己主張スキルと傾聴スキルに関して」の項は，このスピーチの目的の大切なところです。スピーチの発表をしてみて，また，他者のスピーチを聞いて，自分の自己主張スキルならびに傾聴スキルについて気づいたことを書いてください。

　最後に誰のスピーチがよかったか，その理由を明記してください。どのようなところがよいのでわかりやすいのか，自分が参考にする点はどのようなところなのか，それをきちんと整理することが大切です。

6．フィードバック

　さて，このフィードバックが，コミュニケーション能力を高めるためのクライマックスになります。前節で作成したレジュメをもとに，各人が自分のスピーチに関してプレゼンテーションをおこないます。

　スピーチという状態での話し方は特別なので，日ごろの自分とは違う面が出ていると考えていた人も，他者からの指摘に，日ごろの自分がそのまま出ていたのだ，ということに気づかされます。例えば，スピーチで「そんな感じです」とついいった言葉をフロアーから「そんな感じが，どんな感じかわからない」という指摘を受け，常日ごろ，困ったことが起こると誤魔化すためにその言葉を使っており，それが他者に通じていなかったのだということがわかったケースもありました。「私の友だちはみんな標準偏差の出し方がわかっていませんでした」と表現し，クラスのほとんどの人が標準偏差の出し方がわかっているのに，自分がわからないのを「みんな」と表現し，逃げるために複数表現にする癖が出たケースもありました。この「みんな」という表現は，いじめの際にも使われ，「みんな，あなたのことをウザイといってい

るよ」といった集団圧力として登場してきます（実際には，4人の集団のうち2人だったりしますが）。話し方，視線のもっていき方（下を向いてばかりいるなど），腕組みをする態度，真正面ではなく横向きになった姿勢など，スピーチで出ているその人の特徴は，日常生活においても出ていますし，実習に行っても出るし，職員になって働き出しても出てくる可能性があります。だからこそ，今，気づくことが必要なのです。改善は気づきから始まります。

　各人のプレゼンテーションからフロアーとのディスカッションが始まります。今回のプレゼンテーションでの話し方の明瞭さ，姿勢，態度は，スピーチのときからよくなっているのか。視線の使い方（アイ・コンタクト）はどうなのか。話のポイントのつかみはどうなのか。わかりやすいスピーチにはどのような特徴があるのか。顕在的な行動レベルの話題から，潜在的な思考レベルの話題まで，いろいろな角度からの話題が出てくる中で，「自分は人の前で話をするのが苦手」，「自分は人見知りする」，「赤面するのが気になる」などの思い込みにつながる思考への気づきが本人に出てきてくれれば，しめたものです。本人はこれまで自分の吃音をずっと気にして生きてきて，スピーチはいやだと思っていたのが，このフィードバックで戸惑いながらも「自分はドモリが恥ずかしい。みなさん，聞き苦しかったでしょう？」と話したところ，「ぜんぜん聞きにくくないです。ドモッているなんてわかりません」という反応がたくさん出てきて，本人は驚くとともに，何をこれまで自分は気にして委縮して生きてきたのだろうという反省とともに，開放感が出てきて，これまでとまったく違った明るい友だち関係をもち始めた，というケースもあります。これまでの研修の経験から，本人が自分の思考のゆがみ（イラショナル・ビリーフ：非合理的な考え方——8章で詳しく述べます）に気づけば，劇的にコミュニケーションのあり方が変わってきます。人間は，すごい力をもっているのです。

　これまでにもスピーチは小学校などでもおこなわれてきました。しかし，ほとんどの場合，朝の会の時間で，1人2人が一方的に話をしただけで終わり，フィードバックがされてきませんでした。したがって，コミュニケーション能力を高めよう，という目標は達成されず，いつの間にかうやむやになっていました。本章で紹介したのは，スピーチを通してコミュニケーション

能力を高めるというトレーニングです。心理教育（岡林，1997参照）という観点からの実践なので，フィードバックを重視してください。くれぐれもコミュニケーションは相互作用です！　この実践をおこなっている学校からは，個々人のコミュニケーション能力が高まった，ということのほかに，クラスならびに学年全体の雰囲気がよくなり，それまでなにかしらでギスギスしていた学生の関係がよくなった，という報告があります。

7章

認知症高齢者は若者とのかかわりによってどのように変容するか
—— 対人関係の稀薄な若者との相互作用を目指して ——

1. 認知症の定義と種類

　認知症は一つの病気ではなく，状態を示しています。わが国において広く認められている診断基準が必ずしもあるわけではありませんが，現在，普及している認知症の定義と種類について概観しておきましょう。認知症（dementia）は，記憶障害，および失語，失行，失認，実行機能といった認知障害の（一つ以上の）出現がみられ，これらが病前の機能水準から著しく低下し，社会的または職業的な生活に著しい障害を起こす状態をいいます。そして，①脳の器質的病変を基盤として生じ，②その多くは進行性であり，③中核症状とともに多様な精神症状や行動障害をともなう，といった特徴をもっています。

　認知症の原因疾患には多様なものがあり（表7-1），その中で，出現率50％（長谷川，2006）を占めるアルツハイマー型認知症（Alzheimer-type dementia：ATD）は，「老人斑」と呼ばれるアミロイドβ蛋白(たんぱく)の出現や変性した神経線維の束（神経原線維変化），神経細胞の変性脱落がみられ，それによって正常加齢を上回る脳の委縮が生じます（日本老年精神医学会，2001；長谷川，2006）。その過程は，海馬領域を含む側頭葉内側部から側頭，頭頂，後頭領域に広がり，さらに，前頭葉も侵される（田邉，2000）といわれています。こうした脳の変性性疾患による認知症は，ATDのほかにレビー小体病（dementia with Lewy body：DLB），前頭側頭型認知症（frontotemporal dementia：FTD）などがあります。DLBは脳の全体にレビー小体と呼ばれる

表7-1 認知症の原因疾患の種類（長谷川，2006）

原因疾患	診断名
脳血管障害	脳出血，脳梗塞，ビンスワンガー病
退行変性疾患	アルツハイマー病，レビー小体病，前頭側頭型認知症（ピック病），ハンチントン舞踏病
内分泌・代謝性疾患	甲状腺機能低下症，ビタミンB_{12}欠乏症，サイアミン欠乏症，肝性脳症，透析脳症，肺性脳症，低酸素症
中毒性疾患	各種薬物，金属，有機化合物などの中毒，アルコール中毒
感染症疾患	クロイツフェルト＝ヤコブ病，各種脳炎ならびに髄膜炎，進行麻痺，エイズ
腫瘍性疾患	脳腫瘍，転移性腫瘍
外傷性疾患	頭部外傷後遺症，慢性硬膜下血腫
その他	正常圧水頭症，多発性硬化症，神経ベーチェット病

物質が沈着して生じ，出現率は約20％。臨床的には，注意や明晰さの変化にともなう認知機能の変動，身体の動きが緩慢になるパーキンソン症状や幻覚が生じることなどが特徴（日本老年精神医学会，2001；長谷川，2006）です。FTDはピック病と呼ばれることもあり，主に，初老期に生じ，前頭葉から側頭葉に集中して脳が委縮します。そのため，視空間機能や行為は保たれますが，パーソナリティの変化や行動障害，感情障害，発話量の低下などの言語障害によって社会的機能が失われていくことが特徴です（日本老年精神医学会，2001；長谷川，2006）。

　脳出血や脳梗塞など脳血管の障害によって脳の神経細胞が損傷されて脳の機能が低下する認知症は，脳血管性認知症（vascular dementia：VD）と呼ばれ，出現率はATDに次いで約30％（長谷川，2006）といわれています。特徴は，損傷を受けた部位によって障害が異なることから知的機能は全般的に低下するのではなく，部分的に低下することが多く，意欲低下や感情面の変動が激しい。脳血管障害に対する治療やリハビリテーションによって機能の改善や進行防止がある程度可能である，といったことが指摘されています（長谷川，2006）。また，ATDの初期段階と健常の境界については軽度認知障

(mild cognitive impairment：MCI) という概念が出されています (Petersen, 2006)。

2．ADL から QOL へ

　認知症高齢者への対応は，これまで，生活自体の維持が困難になっているので食事の介助，入浴の介助，排便の介助といった基本的な生活レベルへの介助を中心におこなってきました。いわゆる ADL (Activities of Daily Living) の観点です。これは，人間の生命を維持するための最低限のものを確保しようという観点ですが，そこには施設で生活するにしても閉鎖空間を前提としていたのではないでしょうか。そこに今，ウェルビーイング (well being) の発想と相まって QOL (Quality of Life) という観点が重要視されるようになっています。

　この QOL というのは，マズローの欲求階層 (2 章参照) での**社会的欲求**，**自尊・承認欲求**，**自己実現欲求**に関連するものではないでしょうか。歴史的にみると，QOL が最初に指摘されたのは社会経済分野でした。1960 年代のヨーロッパで，経済発展にともなう環境汚染や都市の生活条件の悪化がきっ

　　＜情報ボックス 7-1 ＞

　ウェルビーイング（well-being）
　　健康概念と関連し，人間全体として良好・快的な状態，安寧な状態，もしくは健やかな生き方を意味する。WHO 憲章前文中の健康の定義，「健康とは，ただ疾病や傷害がないだけでなく，身体的，精神的ならびに社会的に完全に良好な状態（well-being）である」に表現されている。良好な状態とは，①気持ちのよい，②愉快な，③心配事のない，④安楽な状態であり，身体的，精神的，社会的に三者の間のバランスがとれ，すなわち個々人がさまざまな生活の場でうまく適応し，自己実現が図られている状態を指す。（中略）しかし完全な安寧・良好な状態は現実ではありえず，健康獲得に向けて自らの力で健康を守るという意識・行動の必要性が強調される（『医学大辞典』第 2 版，医学書院，2009 年刊）。

かけとなり，物質的な豊かさ，数量的にとらえられる幸福ではなく，非物質的で数量的にはとらえがたい生活や心の豊かさをめざす標語として用いられました。1980年代以降になると，QOLは医療やリハビリテーションの分野で強調されるようになり，とくに末期がんの治療では，痛みからの解放，限られた生命の尊厳，家族へのいやしなどの課題を通して，それまでの治療だけを考えた医療からの転換をめざす標語として強調されるようになったのです。そして，高齢化の中で，近年は慢性疾患や障害を抱えた高齢者の医療や福祉の分野において，病気や障害に負けないで生きる個々人の生活や人生の目標を示す標語として用いられています。このように，QOLは非常に実践的で，価値観を含んだ概念なのです。

　日本での要介護高齢者数は，2025年で702万人と予測されていますが（エイジング総合研究センター，http://www.jarc.net/?p=294：ちなみに2005年では392.2万人），国は，対応として1989年にゴールドプラン（老人保健福祉推進十カ年戦略）を立てました。このゴールドプランは，ホームヘルプサービス，デイサービス，ショートステイサービスなどの在宅サービスや，特別養護老人ホーム，老人保健施設などの施設サービスを大幅に増やすことを数値目標で示したものですが，こうした対応は，いわば量的な対応で，増大するサービスが本当に高齢者の福祉につながるには，QOLという質的な対応がともなわなければなりません。要介護高齢者を家や施設に閉鎖的に囲い込むのではなく，開いていくシステムが必要になってきているのだと思います。要介護高齢者のQOLを生かすには，これまでの発想の転換をし，例えば，8章で述べるトリエステの試みのような新しいコミュニティづくりを考えるのがよいのではないでしょうか。その際，①他者とのかかわりを重視する：かかわりは生きがいにつながります。たとえ障害があろうとも，他者とのかかわりをできるだけ行動をともなった形でもち，社会性を維持する，②自律を目指す：できるだけ自分のことは自分でおこない，生き方は自分で決める，③個々人の特徴を生かす：それぞれの趣味や好みを生かしながら，よさが表出できるようにする，④継続を大切にする：高齢者のこれまでの生活との継続性を大切にするとともに，上記3点の継続によって，老年期への対処が可能になる，といったことを高齢者本人ならびに周囲にいる人は，留意すること

が必要でしょう。老年期においても，ピアジェの同化と調節概念は生きてきます。かかわりを継続しながら，固定化せず，そこに，新しいかかわりを導入することによって，高齢者にも，さらなる発達は可能です。QOLは個々人の個別的な生き方にかかわる課題なので，何よりも高齢者自身がQOLの意義を自覚し主体的に取り組むという姿勢がその前提になければなりません。そして，それと同時に，高齢者のQOLを高める条件が社会的に整えられる必要があります。

3．現代社会の中では，高齢者も孤立しており，若者も孤立している

　人間の発達は，成長と衰退という二側面からとらえることができ，身体状態—環境—心理の相互作用によって成長／衰退が決定されると考えられます（1章で述べましたね。思い出してください）。したがって，現在の社会環境の中で，同年齢の人としか接していないという状況では，高齢者は加齢によって身体的な衰えが目立ち，配偶者や知り合いが亡くなり，次は自分かとしか考えられなくなり，心理的にも落ち込んでいくという衰退過程にあると単純にとらえられてきました。しかしながら，高齢者に，歳をとっても自ら成長する力はないのでしょうか？　わたしたちは，現在の狭い環境の中でしか，高齢者の発達をとらえていないのではないでしょうか。この世の中に伝わっているいろいろな話（伝承物語，落語，その他）の中に，歳をとっても，さらに，歳をとりぼけてしまっても，元気に生きている高齢者の話が散見されます。そして，そのような元気な高齢者の周囲には世代を超えた——すなわち，若者たちとの——かかわりが存在します。

　もう一度，現代社会をみてみましょう。少子高齢化によって高齢者が増えたのは明らかですが，いろいろな世代が交わる機会がほとんどなくなっています。かつて（昭和初期まで）は，子どもたちが遊んでいて，悪さでもすれば（子どもたちがこっそり熟している柿を取って食べたりすると），「コラー」と怒って飛び出してきて，路地の行き止まりまで追いかけてくる（最後には，子どもたちが「ごめんなさい」といわされる），暇な高齢者がいたものでした。

ところが，前にも述べましたが，同じ人（高齢者）が，子どもたちが悪さをせずに遊んでいると"差入れ"をもってきてくれ，「食べろ！」というのです。つまり，何をしたら怒られるのか，どうしたらほめられるのか，地域の高齢者が教えてくれました。これを地域の教育力といいます。何といっても親世代は忙しい。家庭教育が完璧にできるわけではありません。親が働いている間に，地域はしっかり子どもを教育してくれていたのであり，この地域の教育がどのように人と接すればよいのか，どのように世の中を生きていったらよいのか，人生とは何なのかを教えてくれていたのです。若者たちの間で今，問題となっているいじめや不登校，そして対人関係が希薄といわれる現象は，地域が崩壊し，地域の教育力が消えてしまったことが背景要因としてあることは否めません。地域の教育力は，高齢者と若者という世代を超えた人間関係をもとにしたものだったのです。

4．かかわりの創造に向けて

　そこで，いくら認知症を患っているとはいえ，高齢者が若者と接するという環境にあれば，影響を受けて，少しでも「生き生き」とし，「寂しそう」にならず，「不安そう」にならないのではないか等々，そして，若者の方も，認知症高齢者と接することにより，人とのかかわりや人生についてよりポジティブにとらえられるようになるのではないか——認知症高齢者ならびに若者のQOLが高められるのではないか——ということを，実践の中から検証したいと思います。

5．手　　順

　① 参加協力施設ならびに参加者：
　　ユニット型（小規模生活単位型）の社会福祉法人特別養護老人ホーム入居者　認知症と診断された　11人（男性3人，女性8人）
　　大学2年生　　5人（男性3人，女性2人）
　　高等学校2年生　　2人（女性2人）

表7-2 認知症高齢者と若者のかかわりスケジュール
(観察1が12月26日,観察14は8月20日)

A Baseline (事前)	B Treatment (大学生参加)	A Baseline (中間)	B Treatment (高校生参加)	A Baseline (事後)
観察 1, 2, 3, 4, 5	6, 7, 8	9	10, 11, 12	13, 14

　若者たちが認知症高齢者と接したのは,各日,9時〜15時
② 参与観察者：社会福祉法人特別養護老人ホーム・スタッフ
③ 観察期間：2008年12月〜2009年8月
　スケジュールは表7-2のとおりです。なお,観察時間はそれぞれの観察日の午後から夜間にかけての12時間でした。
④ 方　法：
　認知症高齢者が入居しているユニットにおいて,通常の生活状態（通常の介護サービスが実施されている状態）での各入居者の様子を7項目【生き生きしている,いらいらしている,沈んでいる,興奮している,怒っている,寂しそう,不安そう】に基づいて観察し（ベースライン①：A),次に,大学生の介入があるときの様子を観察し（トリートメント①：B),さらに,その後の通常の様子を観察（ベースライン②：A),高校生の介入があるときの様子を観察（トリートメント②：B),最後に,その後の通常の様子を観察しました（ベースライン③：A)。すなわち,研究デザインとしては,A—B—A—B—Aデザインです。A①は,通常の介護サービスの中での各入居者の状態をみており,A②は,通常の介護サービスに加えて,B①の介入（トリートメント）が遅延効果をもたらしているのかを確認し,A③は,通常の介護サービスに加えてB②の介入が遅延効果をもたらしているのかを確認するものです。
　なお,大学生,高校生の若者には,認知症高齢者と接してもらう前と後に,後述する図7-8 (p.106)の項目に答えてもらい,接してもらった日の最後には感想を聞かせてもらいました。

6．観察時のユニット状況概観

ユニットでは，日々介護スタッフらによる介護サービスがおこなわれているのは当然ですが，いろいろなことが起こっています。ユニット状況を概観しておきます。

ユニットの入居者：Aさん（男性，82歳，要介護度4），Bさん（男性，85歳，要介護度4），Cさん（女性，96歳，要介護度3），Dさん（女性，91歳，要介護度4），Eさん（男性，85歳，要介護度3），Fさん（女性，92歳，要介護度4），Gさん（女性，85歳，要介護度5），Hさん（女性，90歳，要介護度3），Iさん（女性，85歳，要介護度3），Jさん（女性，91歳，要介護度4），Kさん（女性，93歳，要介護度5）

① 観察1，2，3，4，5（ベースライン1）：観察1の日は，外は冬空で寒風が吹きすさんでいますが，ユニットは比較的落ち着いており，あまり動きはありません。介護スタッフにとっては過ごしやすい日です。Hさんは自室で寝ており，Aさんは診察に行った病院で縛られていたようで，「食事はまだ？　ご飯はない？」という訴えが再発。Jさんはユニット共有部分で歌を歌っています。観察2の日は，ユニット入居者はみんな眠たそう。会話も少なく，ユニット全体がボーとした雰囲気です。Aさんは軽眠状態が続く，Fさんはこちらから目を合わすようにすると目をそらす。隣の人に怒っている。Bさんは輪投げをしない人に怒る。Eさんは新聞を見ている。Hさん，Gさん，Fさんらは独語が多い。観察3の日は，世間で流行しているインフルエンザがユニットにも影響し，病院に診察に行ってきた人は2人。介護スタッフは入居者の体調の変化にいつも以上に気を配っています。Jさんは歌を歌っている。Iさんはニターとしている（白昼夢）。会話はできない。Gさんは腹に子どもがいないか心配している。Dさんは下痢（自室で寝ている）。Hさんはゼリーを見て「これは落とすものかえ？」といいながらタオルにこぼす。Kさんは歳を聞かれて，「人の歳聞いて何するだ！」。観察4の日は，インフルエンザ流行が終わりに近づきユニットの外にも自由に出られるようになり，入居者も介護スタッフもほっとしています。観察5の日は，ユニット全体が落ち着いています。

② 観察6, 7, 8（トリートメント1）：観察6の日は，大学生が参加した初日です。はじめ，どのように入居者と接してよいのか戸惑っていた大学生もみんなで輪投げをして遊んでからは，それぞれの入居者と徐々に話すことができるようになりました。中には，話しかけたのに，無視されたとすねている学生もいます。観察7の日は，大学生参加の2日目ですが，Ｉさんの発語，笑いがベースライン時に比べて明らかに多くなりました。Ｂさん，Ｄさん（「籠の鳥」を歌っている，輪投げをしても他人の投げ方に「それじゃダメだ」とか茶々を入れる），Ｅさん，Ｆさんも明るくなっている，いつもより調子がよい，と介護スタッフが報告しています。Ｈさんは，いつもよりトーンが低い。他の人はいつもどおりです。入居者に名前を聞かれ，「よい名前だねェ」といわれ感動している学生や，「家に帰りたい」と訴えられ涙する学生がいました。大学生が参加した3回目の観察8の日は，学生も各入居者と接することができるようになりました。中には，入居者から叱咤激励されている学生もいました。最後に，お別れをいってユニットから出たのですが，Ｃさんはユニットの外まで見送りに来てくれました。

③ 観察9（ベースライン2）：Ａさんが夜間眠りにつけず（ここ数日間），ユニットを動き回っていました。Ｃさんは朝食後から落着きがなくなりました。Ｆさんは活気はあるのですが，コップの名前テープを食べました。Ｇさんは，身内の面会があり，夕食時よりさまざまな訴えをするようになり，夜不眠。

④ 観察10, 11, 12（トリートメント2）：観察10の日は，高校生参加初日なのですが，ここしばらくの蒸し暑さのためか，入居者ならびに介護スタッフも体調が悪い。Ｆさんは，身体に浮腫ができ，食欲不振で入院中。他の人も軽眠状態の入居者が多い。最近，Ｂさんは周囲の入居者の声をうるさがるようになり自室にこもることが多くなりました。観察11の日は，Ｋさん原因不明の発熱。Ｆさんは引き続き入院中。高校生は，静かに，入居者と接しています。Ｂさんは自室で寝ています。観察12の日は，高校生参加の3日目です。女性入居者の方が話しやすいようで，高校生はＣさんたちとよく接しています。Ａさんの訴えが多い。Ｂさんは自室で眠る時間が多くなっています。Ｆさんは退院して帰ってきたのですが，Ｇさんが体調不良で入院。Ｋさ

んはハヤシライスを「こんなもの食事じゃない！」といって食べない——目は見えていないが，味覚は鋭く，栄養士が配慮し細かくきざんだ物もいい当てます。

⑤　観察 13, 14（ベースライン 3）：観察 13 の日は，通常の介護サービスです。A さんからの「食事はまだ？」の催促はここしばらく続いています。B さんがユニット共有部分に出てくるのは食事やトイレ以外にはなく，自室で寝ていることが多い。G さんの入院は継続。観察 14 の日は，施設に慰問団がやってきて，地元の祭りで親しまれているロック調のダンスを披露。A さんは喜んで催し物を見ています。K さんは見えていないはずですが，介護者の手を握ったまま，催し物の方を向いています。催し物の後，J さんは介護者の手を握り，歌を歌った後，ボールを持って「赤ちゃんができた『ホギャー』」といっています。B さんは，今日は，食事後も自室に戻らず，共有場所のテーブルに座っています。G さんは入院中。I さんは体調不良のため自室で寝ています。

7．結果と考察

(1)　認知症高齢者の変容

入居者が高齢者とはいえ，ユニットでは毎日，いろいろな出来事が起こっています。他の入居者の声にいら立ち介護スタッフの腹を殴ったり，コップの名前テープをはがし食べたり，親戚の人が来た日の夜は眠れなくなり歩き回ったり，など。そのような日常に若者がやってきたことによって，どのように入居者の高齢者が変わったかを［生き生きしている］，［いらいらしている］，［沈んでいる］，［興奮している］，［怒っている］，［寂しそう］，［不安そう］をキーワードとして追いました。

［生き生きしている］

その変容を示したのが図 7-1 です。若者が関わった際の観察 6，7，8 ならびに 11，12 で，生き生きしている入居者が多いことは興味深いことです。さらに，主成分分析をおこなってみたところ，3 個の成分が抽出されました（表

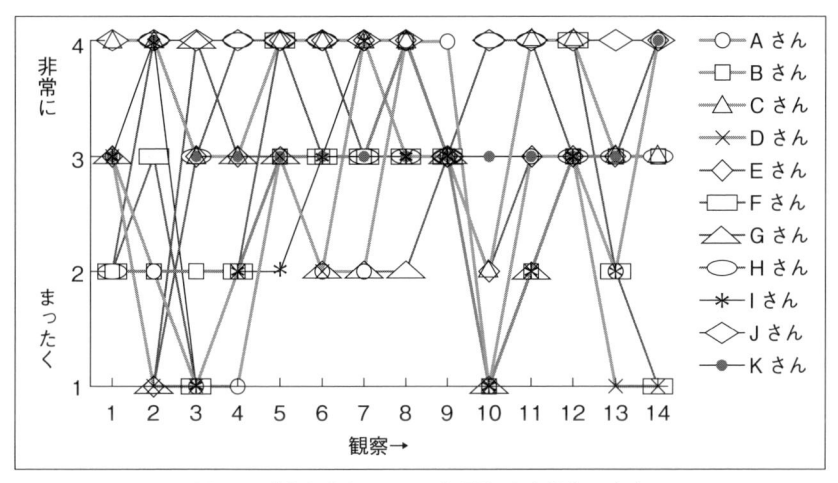

図7-1 ［生き生きしている］認知症高齢者の変容

表7-3 ［生き生きしている］主成分分析

観察	成分		
	1	2	3
1	.446	.246	.672
2	.723	.117	－.360
3	.967	－.028	－.091
4	.907	－.350	－.203
5	.850	－.044	.168
6	.921	－.075	－.006
7	.475	－.572	.644
8	.163	.683	.540
9	－.498	.773	－.081
10	.835	－.121	－.442
11	.846	.254	－.107
12	.704	.184	.545
13	.851	.277	－.163
14	.434	.739	－.284

7-3)。

　この3成分による抽出後の累積因子負荷量平方和は83.5％です。第一成分（負荷量平方和は52.7％；以下，括弧内は同様数値）に主に寄与している（大きな影響をおよぼしている）のは観察2，3，4，5，6，10，11，12，13であり，この成分は日ごろのかかわりの中での基本的な生き生きした状態を反映しているものと思われます。第二成分（16.6％）に寄与しているのは観察8，9，14であり，若者や普通のユニットでの生活とは異なるかかわりによる影響が反映しています。ちなみに，観察8の日は大学生介入最終日で，せっかく慣れてきた若者が「バイバイ」といって去った後，空の巣症候群のような寂しさが出てきた人がいたようですし，観察9の日は，Fさんのように活気がありながらも，食べ物でもないものを食べたり，Gさんのように身内の面会の後，不安定になるといったように個人的な出来事がありました。また，観察14は，催し物に行った人と行かなかった人で違いが出ています。第三成分（14.2％）に寄与している観察1，7は，筆者がユニットに張りついた初日であり，また，大学生がお年寄りと話すのに慣れた日ですので，いつもと違う，という感覚が入居者に行き渡ったことが反映しているのではないでしょうか。

　[いらいらしている]
　その変容を示したのが図7-2です。Aさん，Bさん，Dさん，Fさん，Gさんが，いらいらする振れが大きい傾向にあります。これは，Aさんの場合，食事の後「食事はまだ？」と尋ね，どのような反応が返ってこようといらいらし始め，食事担当スタッフを探してフロアーをあちこち歩き回ることがあるからで，Bさんの場合は，他の入居者（女性）の声や歌が「やかましい」といって攻撃することによるし，Dさんの場合は，目が見えないことが影響しているのか，思うようにならないことがあると突然，怒り始めることがあります。Fさん，Gさんは体調の何かしらの違和感を言葉で表現できず，いらいらしている可能性があります。しかしながら，非常にいらいらしている人は，観察4，5，6，7，8，9，11，13，14では見当たりません。
　主成分分析の結果，表7-4のように4成分が抽出されました。この4成分による抽出後の累積負荷量平方和は89.5％です。第一成分（40.7％）に寄与し

7．結果と考察　95

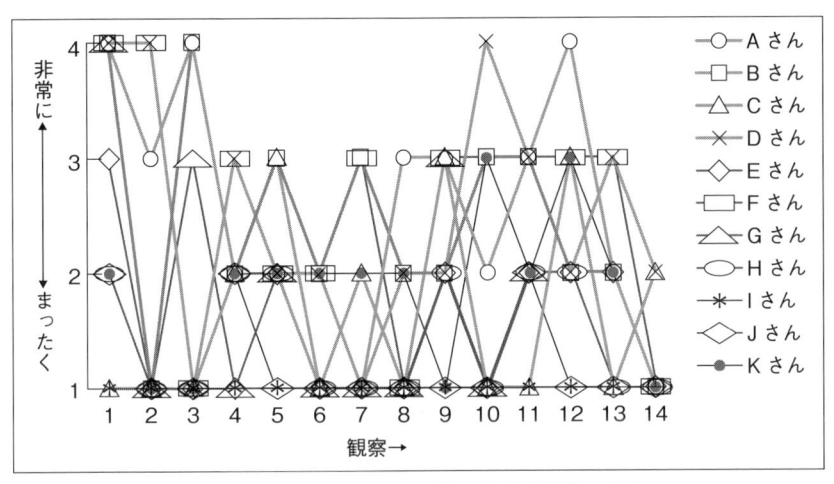

図7-2　［いらいらしている］認知症高齢者の変容

表7-4　［いらいらしている］主成分分析

観察	成分			
	1	2	3	4
1	.847	－.054	－.392	.027
2	.765	－.222	.101	.595
3	.581	.552	－.481	－.151
4	.577	－.326	.516	.178
5	.224	.768	.452	－.276
6	.686	－.241	.334	－.579
7	.191	.486	.280	－.790
8	.856	.219	－.282	.094
9	.183	.764	.123	.555
10	.887	－.242	.269	－.253
11	.860	－.177	－.414	－.039
12	.344	.672	－.027	.317
13	.856	－.247	.057	.020
14	.170	.028	.875	.393

ているのは，観察1, 2, 3, 4, 6, 8, 10, 11, 13であり，入居者たちの共通感覚としてのいらいら感が現れています。第二成分(18.4%)に寄与しているのは，観察5, 9, 12であり，ユニット全体としては落ち着いているように見えながらも，Bさんのように他の入居者の言動にいらいらしているといった状況です。第三成分(15.5%)に寄与しているのは，観察14であり，催し物があった日です。そして，第四成分(14.9%)に寄与しているのは，観察7(アンダーラインはネガティブ寄与)であり，学生たちが入居者と接するのに慣れてきて，入居者の方もいらいら感は少なくなったのでしょう。

［沈んでいる］
　その変容を示したのが図7-3です。Aさん，Bさん，Dさん，Fさん，Gさん，Iさんにときどき，非常に沈む傾向があります。観察3の日は，Gさんはインフルエンザからの回復直後であり，Fさんは，日ごろから腰が痛いので車いすに座ったままになっているとグターとしていますが，とくにこの日はだんだん沈んでいったのでしょう。しかし，Fさんは学生が目の前にいると(観察8など)，「あんた，これからどこ行くで？」などとしゃべりかけるし，ボールころがしをしても反応がよいので，日ごろから周囲の人が相手をする余裕をみせれば，沈むことが少なくなり，行動レベルが上がってくる可能性があります。Gさんの場合，静かにしていると「子どもがたくさんいて，もういらない」(自分の腹に子どもがいるのではないかと心配する：戦争や経済問題に関連か)といい始め，自分の世界に入り込みながら沈んでいくので，ひとりで静かにしているときは要注意です。
　Bさんは，他の入居者(とくに2人の女性)の声がやかましいと文句をいうようになり，観察10からユニット共有場所に出てくるのは食事のときだけで，自室にこもってベッドに寝ていることが多くなりました。
　Cさんは普段は耳が遠いだけで，ひとりで動くことができるし，介護スタッフがタオルをたたむのを手伝っているくらい元気で，介護スタッフや学生たちが相手をしているとまずは沈み込みませんが，意識がすっと途切れたとき一時的に沈み込む瞬間があると報告されています。
　主成分分析の結果，表7-5のように4成分が抽出されました。この4成分

7．結果と考察　97

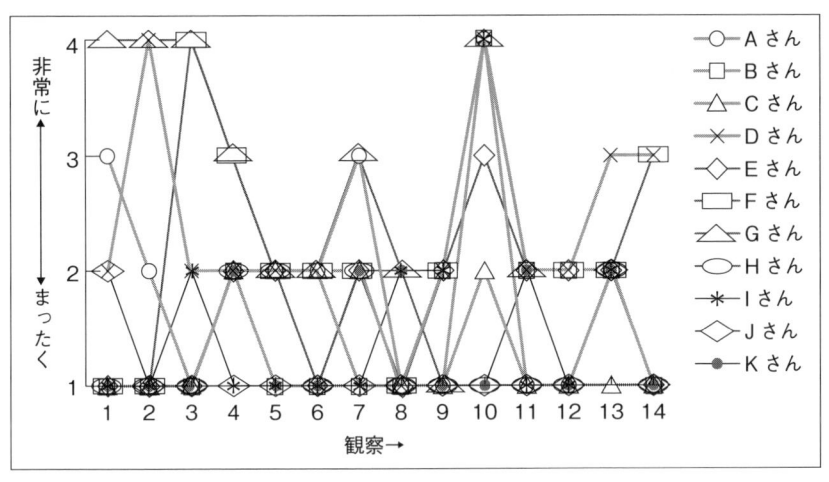

図7-3　［沈んでいる］認知症高齢者の変容

表7-5　［沈んでいる］主成分分析

観察	成分			
	1	2	3	4
1	.259	.668	－.420	－.044
2	.882	.342	－.238	.215
3	.897	.107	－.276	.205
4	.300	.107	.836	.370
5	.307	.682	.438	－.083
6	.415	.797	.068	.092
7	－.377	.621	.499	.287
8	－.284	－.364	－.025	.864
9	.774	－.468	.292	－.290
10	.741	.174	.347	－.254
11	.562	－.694	.266	.291
12	.774	－.468	.292	－.290
13	.770	－.158	－.360	.206
14	.897	.107	－.276	.205

による抽出後の累積負荷量平方和は88.4%です。第一成分（40.7%）に寄与しているのは，観察2，3，9，10，12，13，14であり，入居者の普段の沈んでいる感じを示しているのだと思われます。第二成分（22.8%）に寄与しているのは，観察1，5，6，7，11であり，若者が介入し，かかわりをもっている中での沈み感覚の少なさを示しているのではないでしょうか。第三成分（14.4%）に寄与しているのは，観察4であり，インフルエンザの流行が終わりに近づいている中で疲れが出てきているのではないでしょうか。さらに，第四成分（10.5%）に寄与しているのは，観察8であり，学生たちが慣れてきて，入居者とのかかわりがうまくとれ始めた後の別れによる沈んでいる雰囲気があるのではないでしょうか。

［興奮している］

その変容を示したのが図7-4です。日ごろの状態以上に感情の高まりがある状態を興奮していると表現していますが，2回以上「非常に興奮している(4)」と評定されたのはAさん，Fさん，Gさんでした。Bさん，Cさん，Dさん，Kさんも「ある程度興奮している(3)」とたびたび評定されています。その興奮は，自分の要求や主張が通らなかったときの怒りをともなった興奮であったり，閉そく状態からの解放による興奮であったり，催し物があるときの興奮です。若者が介入したときには，「非常に興奮している(4)」という評定は出てきません。

主成分分析の結果，表7-6のように6成分が抽出されましたが，この6成分による抽出後の累積負荷量平方和は95.0%です。第一成分（25.8%）に寄与しているのは，観察2，5，8，9，11，12，13であり，日頃の人とのかかわりの中での興奮，また，本人の頭の中での思考による興奮（思い出して興奮する）を示しているようです。第二成分（21.1%）に寄与しているのは，観察6，7，10であり，大学生介入の初日，2日目，そして高校生介入の初日でした。若者がユニットに入ってきて，雰囲気が違ったようです。第三成分（16.3%）に寄与しているのは，観察1，3であり，筆者という新参者が入ってきた日とインフルエンザ等の関係で病院に行ったりしてユニットが落ち着かない日でした。第四成分（13.5%）に寄与しているのは，観察3，11，14でしょうが，

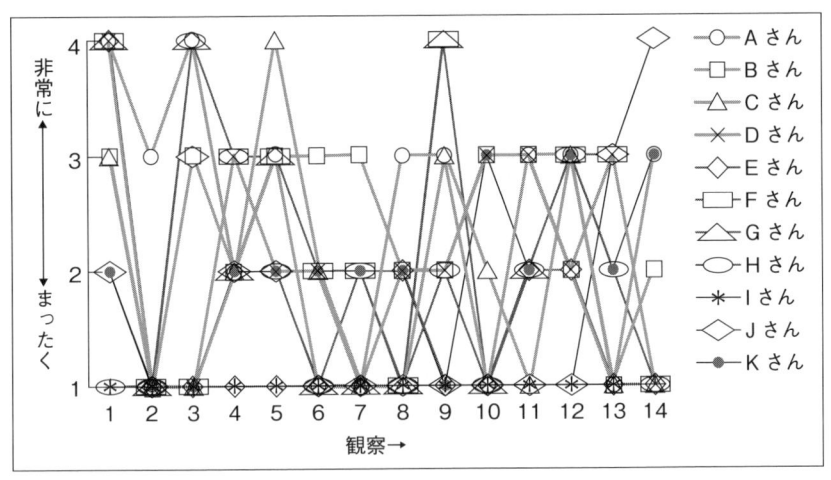

図7-4 ［興奮している］認知症高齢者の変容

表7-6 ［興奮している］主成分分析

観察	成分					
	1	2	3	4	5	6
1	.561	－.163	－.696	－.183	.252	.164
2	.715	－.624	.083	.236	.031	.139
3	.195	－.400	.612	.543	－.173	－.099
4	－.022	.336	.575	.339	.663	－.030
5	.555	.237	.500	－.314	－.121	.518
6	.285	.895	－.123	.050	－.180	.238
7	.111	.640	.207	.433	－.510	－.282
8	.724	－.210	－.501	.381	.007	－.045
9	.766	－.021	.467	－.284	.241	.180
10	.172	.887	－.255	.152	.086	.214
11	.653	.176	－.284	.570	.232	－.259
12	.564	.090	.401	－.272	.017	－.358
13	－.656	.065	.042	.412	.561	.262
14	－.162	－.354	.027	.536	－.385	.581

ユニットへの人の出入りが通常より多い日でした。第五成分（10.2%）に寄与しているのは，観察4であり，インフルエンザ流行が終わりに近づき，ほっとしている中での若干の興奮があったのでしょう。第六成分（8.1%）に寄与しているのは，観察14であり，催し物があった日です。参加した人は催し物で興奮したということでしょう。

［怒っている］

その変容を示したのが図7-5です。観察4，6，7，8，9，10，11，12，13，14において非常に怒っている人はいません。人が出入りしてごたごたしていても，その理由がわかっていれば（病院に診察に行く，催し物がある），怒るというところまで至らないのでしょう。また，自分に対して話しかけているのだということがわかると，声がうるさいといって怒る人はいません。

主成分分析の結果，表7-7のように4成分が抽出されました。この4成分による累積負荷量平方和は81.9%です。第一成分（36.0%：観察6，7，8，10，11，12）は，若者の参加日が寄与の中心で，怒っていない状態が示されています。第二成分（19.6%：観察2，5，9，14）は，催し物他，ユニット内でいろいろあった日で，何が起こっているのだ，といった感じでしょうか。第三成分（13.7%：観察3，13）は，インフルエンザ流行対応の中でほっとした感覚，ならびに，入居者の各人がさまざまな訴えをしてごたごたした感覚が入り混じっています。第四成分（12.6%：観察1，4）は，通常の介護サービスの中での動きです。Jさんの歌はのんびりしており，他の入居者も自分のペースでのんびりしている人は［怒っている］のとは逆の雰囲気があったのでしょう。

［寂しそう］

その変容を示したのが図7-6です。全体として，非常に［寂しそう］な人は少ないのですが，ユニット全体の雰囲気がよどんでいるときは，どうしても［寂しそう］な傾向が出てきます。観察10は，高校生が参加した日ですが，まだ，入居者と話ができていない状態で，入居者も何もしない状態の中で自分のうちにこもる傾向にあったことが［寂しそう］という評価につなが

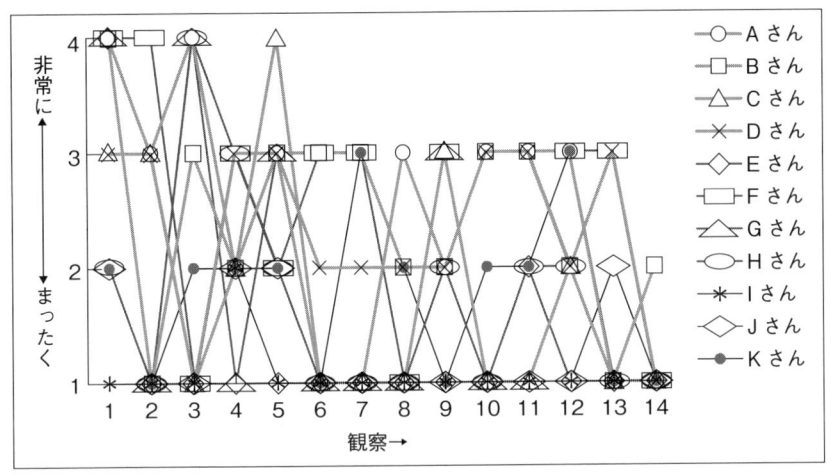

図7-5 ［怒っている］認知症高齢者の変容

表7-7 ［怒っている］主成分分析

観察	成分			
	1	2	3	4
1	.491	－.224	－.079	－.712
2	.419	.813	.050	－.222
3	.474	－.076	－.653	.168
4	.316	.490	.247	.592
5	.557	.634	.169	－.307
6	.689	－.390	.544	－.145
7	.550	－.506	.223	.304
8	.835	.003	－.306	.179
9	.407	.672	.047	－.436
10	.944	－.085	.090	.139
11	.848	－.235	－.040	.136
12	.648	.230	－.539	.325
13	.070	.290	.767	.394
14	.559	－.576	.247	－.318

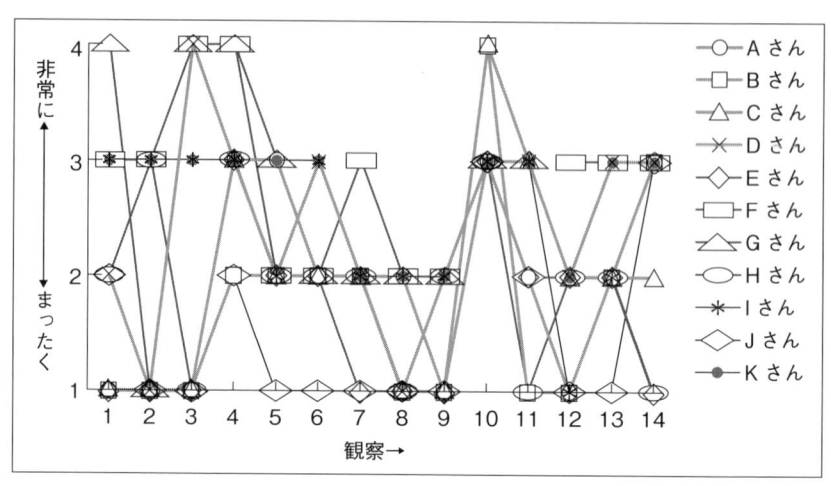

102　7章　認知症高齢者は若者とのかかわりによってどのように変容するか

図7-6　[寂しそう] 認知症高齢者の変容

表7-8　[寂しそう] 主成分分析

観察	成分			
	1	2	3	4
1	.644	－.157	－.693	－.028
2	.598	－.372	－.231	－.532
3	.799	.131	－.272	.487
4	.695	－.285	.474	－.115
5	.660	.412	.334	－.482
6	.921	.135	.191	.176
7	.557	.397	.374	－.167
8	.494	.537	－.110	－.546
9	.837	－.305	－.276	－.012
10	－.355	.323	.563	.240
11	.540	.184	.030	.552
12	.643	－.626	.316	.248
13	.921	.135	.191	.176
14	.098	.864	－.435	.213

ったのでしょう。

　主成分分析の結果，表7-8のように4成分が抽出されました。この4成分による累積負荷量平方和は84.8％です。第一成分（43.7％：観察2，3，4，5，6，7，9，12，13）は日ごろの［寂しさ］が現れているのだと思われます。第二成分（16.3％：観察14）は，催し物で一時，ユニット内に人が少なくなったことが関係しているのではないでしょうか。第三成分（13.2％：観察1，10）は，比較的落ち着いている中での［寂しさ］でしょう。観察10は，高校生が介入しながらも入居者との接しかたがわからず，動けなかったということが影響しているでしょう。第四成分（11.6％：観察8，11）は，大学生介入の最終日と高校生介入の二日目ですが，介入による入居者への影響が異なっていたのかも知れません。

　［不安そう］
　その変容を示したのが図7-7です。観察6，7，8，9，11，12，13，14では不安そうな人はあまりいません。それに対して，不安が高く評定された観察3はインフルエンザ流行が影響しており，観察10は蒸し暑さのための体調不良が影響しているようです。

　主成分分析の結果，表7-9のように3成分が抽出されましたが，この3成分による累積負荷量平方和は79.7％です。第一成分（46.9％：観察1，2，3，4，6，7，8，9，11，12，13）は，Kさんの原因不明の発熱が，Fさんの入院と相まって，他の入居者への不安を高めたのかもしれません。Aさんの食事後の「食事はまだ？」と訴える行動は［不安そう］にみえますし，自室にこもりがちになっているBさんが共有場所に出てきても何かしっくりいかない雰囲気を醸し出しています。第二成分（21.3％：観察5，14）の観察5は，［不安そう］に関して負の寄与です。第三成分（11.5％：観察10）は，蒸し暑さのためか入居者の調子が上がらず，高校生もどう接したらよいのかわからないという状況を示しています。

＊

　すべての観察項目を通して，入居者の高齢者たちは，大学生や高校生の若者たちがかかわった日々を中心に，自分にかかわる出来事が今起こっている

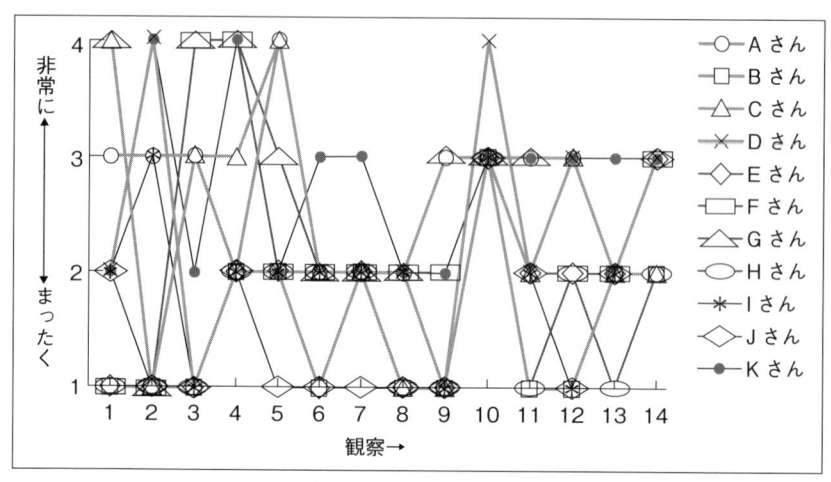

図7-7 ［不安そう］認知症高齢者の変容

表7-9 ［不安そう］主成分分析

観察	成分		
	1	2	3
1	.605	-.534	.145
2	.790	.516	.275
3	.736	-.654	-.032
4	.680	.109	-.616
5	.561	-.756	.221
6	.839	.094	-.052
7	.674	.183	-.309
8	.823	.370	.329
9	.726	-.215	.039
10	.130	.554	.743
11	.847	.099	-.088
12	.873	-.064	.286
13	.634	.385	-.470
14	.061	.850	-.124

のだと感じたとき，つまり，若者が自分に話しかけていると感じたとき，また，自分が催し物にかかわっている（見たり，いっしょに歌ったり）ととらえたとき，高齢者の状態は押しなべてよい，ということがわかります。それに対して，入居者の高齢者が自分の殻の中に入り込み（白昼夢など），他者とのかかわりが少なくなっているときには，高齢者の状態がよくない，ということがわかりました。すなわち，大学生や高校生の若者が単にユニットに入るというだけでは，とくに高齢者の状態に違いはないのですが（若者が参加した第1日目はそんなに大きな変化はない――若者が高齢者とどのように接したらよいのかわからなかった），若者が行動することによって，高齢者が自分とかかわる人がいると認識すると，大きな影響（それもポジティブな）を与えるということがわかりました。

上記の「自分にかかわる」または，「自分がかかわる」という意識は自我関与（ego-involvement）と呼ばれますが，目の前で起こっている出来事が自分に関係している（または，自分が関与している）と感じることは，高齢者にとっても若者にとっても，今を生きるという意味で，重要な感覚なのです。

(2) 若者の変容

今回，本研究に参加してくれた若者で，自宅でお年寄り（祖父，祖母ら）と一緒に住んでいる（住んでいた）人は4人，一緒に住んでいなかった人は3人でした。また，日ごろ（最近），お年寄りと話をする機会は，まったくない人が1人，あまりない人が3人，ときどきある人が1人，頻繁にある人が2人でした。

さて，その若者たちに，この施設で認知症高齢者と接する前と後で，次のような項目について答えてもらいました（図7-8）。

「お年寄り」に関するイメージは，高齢者と接してより美しく（$p<.012$），より役に立つ（$p<.016$）方向に変化し，「人生」に関してもより美しく（$p<.045$），「老い」に関してもよりむなしくない（$p<.012$）方向に変化し，「老人ホーム（老人施設）」に対するイメージも，より善意あふれ（$p<.047$），希望あふれる（$p<.049$）方向に変化しました。いずれの項目においても，ネガティブな方向への変化はみられず，若者たちは，入居者である高齢者と実際に接すること

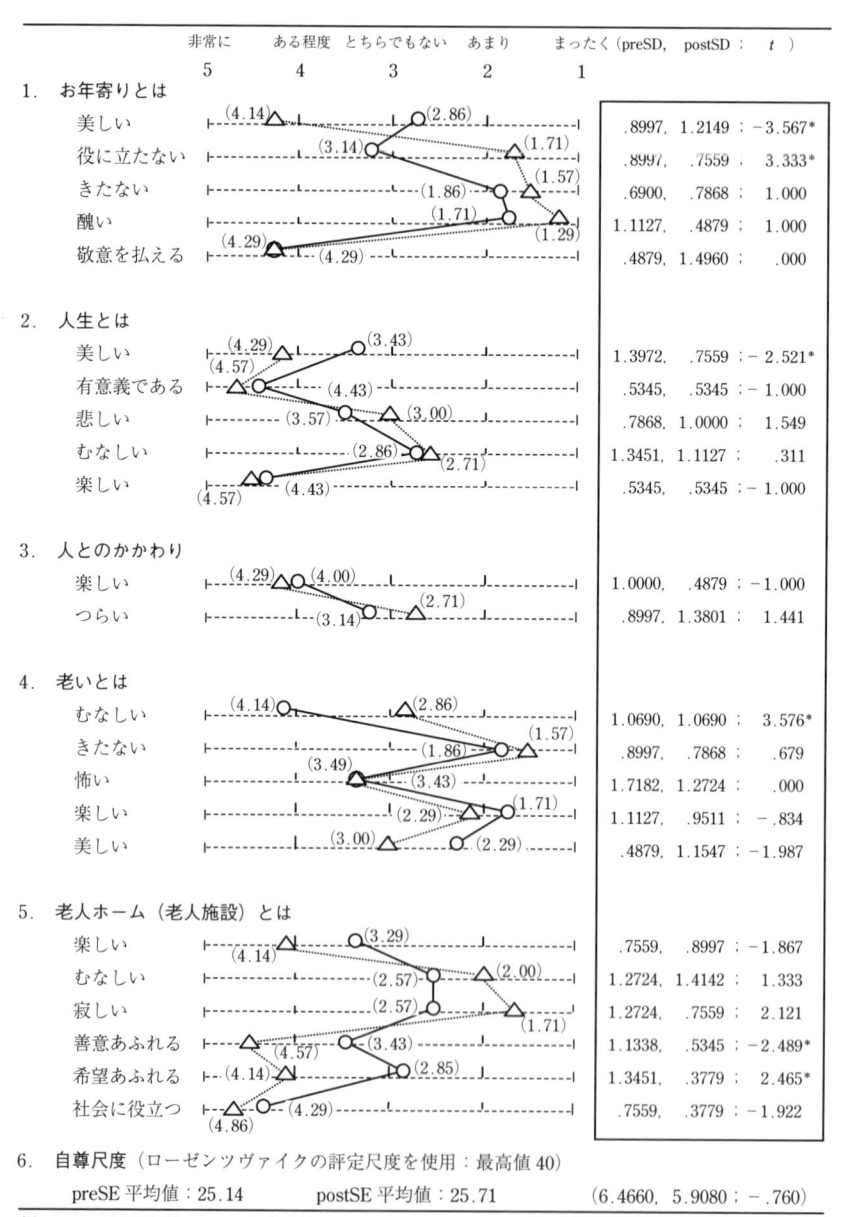

106　7章　認知症高齢者は若者とのかかわりによってどのように変容するか

		非常に 5	ある程度 4	どちらでもない 3	あまり 2	まったく 1	(preSD, postSD ; t)
1.	お年寄りとは						
	美しい		(4.14)	(2.86)			.8997, 1.2149 ; -3.567*
	役に立たない		(3.14)		(1.71) (1.57)		.8997, .7559 ; 3.333*
	きたない				(1.86)		.6900, .7868 ; 1.000
	醜い				(1.71) (1.29)		1.1127, .4879 ; 1.000
	敬意を払える	(4.29) (4.29)					.4879, 1.4960 ; .000
2.	人生とは						
	美しい	(4.57) (4.29)		(3.43)			1.3972, .7559 ; -2.521*
	有意義である	(4.57)	(4.43)				.5345, .5345 ; -1.000
	悲しい		(3.57)	(3.00)			.7868, 1.0000 ; 1.549
	むなしい			(2.86) (2.71)			1.3451, 1.1127 ; .311
	楽しい	(4.57) (4.43)					.5345, .5345 ; -1.000
3.	人とのかかわり						
	楽しい	(4.29) (4.00)					1.0000, .4879 ; -1.000
	つらい			(3.14) (2.71)			.8997, 1.3801 ; 1.441
4.	老いとは						
	むなしい		(4.14)	(2.86)			1.0690, 1.0690 ; 3.576*
	きたない				(1.86) (1.57)		.8997, .7868 ; .679
	怖い		(3.49)	(3.43)			1.7182, 1.2724 ; .000
	楽しい				(2.29) (1.71)		1.1127, .9511 ; $-.834$
	美しい			(3.00)	(2.29)		.4879, 1.1547 ; -1.987
5.	老人ホーム（老人施設）とは						
	楽しい		(4.14)	(3.29)			.7559, .8997 ; -1.867
	むなしい			(2.57)	(2.00)		1.2724, 1.4142 ; 1.333
	寂しい			(2.57)	(1.71)		1.2724, .7559 ; 2.121
	善意あふれる	(4.57)	(3.43)				1.1338, .5345 ; -2.489*
	希望あふれる		(4.14)		(2.85)		1.3451, .3779 ; 2.465*
	社会に役立つ	(4.86)	(4.29)				.7559, .3779 ; -1.922

6.　自尊尺度（ローゼンツヴァイクの評定尺度を使用：最高値40）
　　　　preSE 平均値：25.14　　　　postSE 平均値：25.71　　　　(6.4660, 5.9080 ; $-.760$)

（注：SD は標準偏差，SE は自尊感情，
　　　　t 値に関して，**1%水準で有意差あり，*5%水準で有意差あり，ともに両側検定）

図7-8　若者の変容（○—○：pre　；　△----△：post）

によって,「お年寄り」に関するイメージ,「老い」についてのイメージ,「老人ホーム（老人施設）」に対するイメージがよい方向に変容し,また,「人生」ならびに「人とのかかわり」に対しても,少し前向きになれたようです。

図7-8以外にも,若者の言葉でそれぞれのイメージを表現してもらいましたが,高齢者と接する前は,「お年寄り」について,①やさしい,物知り,②少し悲しいイメージ,③おだやか,④かよわい,⑤行動が遅い,⑥耳が遠い,⑦大変そうなどの反応がありましたが,接した後では,①話すと楽しい,②長年生きてこられた人生の先輩だと思う,③想像以上に魅力的,④かわいらしい,⑤世話がやける,⑥とても素敵,⑦人生の先輩,といった反応が出てきました。「世話がやける」というのは,入居者にあれしてくれ,これしてくれと要求され,若者がいった言葉をなかなか聞き取ってもらえなかったためです。

「老い」に関しては,お年寄りと接する前は①いろいろなことを忘れてしまうのは寂しい,②怖いと思う,③つらい,④よいイメージがもてない,⑤身体能力の低下,⑥とても怖いこと,⑦高齢になると怖くなるといったネガティブ・イメージ,むしろ怖さが中心だったのに対して,接した後は,①しかたない,②老いていくのは正直こわい,③敬意が払える,④少し怖いが恥ずかしいことではない,⑤避けられないもの,⑥不安,⑦しかたがないといった,老いから逃げるのではなく,少し向き合う感覚がみてとれます。

「老人ホーム（老人施設）」に関しても,お年寄りと接する前は,①お年寄りにとっても家族にとってもとてもよい所だと思う,②親切な場所だけど寂しいところでもあると思う,③よくわからないけど職員の方は大変そう,④閉鎖的,⑤善意あふれるところ,⑥お年寄りを手助けするところ,⑦お年寄りの人にとても役に立っている,というように距離感がありましたが,お年寄りと接した後は,①もっとみんなで仲がよいと思っていたけど結構自由な感じだった,②入居者の方が『みんなといられるのが楽しい』っていっていたのが印象的,③温かい,④思ったよりも職員の方たちは温かい,⑤活気がある,⑥明るく会話が絶えない,⑦老人を助けてあげられる,といった反応になっていました。

「人生」に関しては,入居者と接する前は,①難しい,②山あり谷あり,③

自分色，④つらいけど楽しい，⑤思いどおりにいかない，⑥楽しいことやつらいことがある，⑦大変だったのが，接した後，①難しい，つらい，②何かしらの意味があるんだろうなと思う，③自分の頑張り次第，④楽しいが老後はむなしいかもしれません，⑤何があるかわからない，⑥お年寄りの話を聞いて美しいと思えた，⑦いろいろある，と自分の人生について真剣に考え始めているのかもしれません。

　そして，「人とのかかわり」に関しては，入居者と接する前は，①難しい，②気遣いがすべて，③自分が成長できる，④ときに面倒くさい，⑤思いどおりにいかない，⑥難しい，⑦楽しいと考えていたのだが，接した後は，①難しい，②人と人との関係ほど難しいものはないかな，③会話が成り立たないと最初はちょっとつらいかも，④楽しさ・つらさ両極端，⑤大変，⑥楽しい，⑦大変難しいこと，となっています。

　さらに，「自分とはどんな人間か？」と尋ねたところ，入居者と接する前は，①自分から積極的に人とかかわろうとしない（とくに同年代），物事を客観的に（冷めた目で）みる，②気分屋，小さいことを気にしやすい，③積極的に他人に話しかけられる方だと思う，ポジティブ，④人見知り，しかし，話すのは好きな方です，あまり自信がもてない，⑤面倒くさいことを避けてしまう人間で，あまり人付き合いは得意ではない，⑥人前に立つことが苦手で，あまり自分を主張することができない，⑦負けず嫌い，緊張して話すことができなくなるという反応がありましたが，接した後は，①適当に話を合わせてしまう部分があった。それが仕方のないこともあるけど，あまり適当すぎる人間にはなりたくないと思った，②物事をややこしく考えすぎちゃう，ややこしい人間です，会話がはずまない，③よく笑っている，異世代の中に入ってしまうとコミュニケーションが自分からとりづらくなってしまう，④変に考えすぎてしまう，根はまじめだと自負しています，⑤自分の考えをしっかりもっている，あまりしゃべりは上手じゃないけど，頑張れば楽しい話もできるし，お年寄りにやさしい，⑥自分と接したり話をしたりしただけで，その人を笑顔にすることができる，人見知りをしないでいろいろな会話ができる，⑦最初は話すことが苦手だったけど，今回いろいろ経験して人と接することが少し楽しいと感じることができた，と変容しました。

8. 討　　論

　入居者である高齢者の行動観察から，高齢者は自分とかかわってくれると感じられる他者の存在が，心理的によい方向（ウェルビーイング）に働く，ということがわかりました。そのような若者たちの存在，また，若者たちとのかかわりは，日ごろの介護スタッフの存在，また，介護スタッフとのかかわりと何が違っているのでしょうか。入居者のKさんと介護スタッフとのやりとりが参考になります。介護スタッフ（女性）がKさんにお茶を入れます。すると，Kさんは「ありがとう。お返しを何かしないといけないだろう。」と心配そうにいいます（何度もこの光景がみられました）。また，別の介護スタッフ（男性）がKさんの足を洗おうとすると（足湯です），「何か魂胆があるのだろう？　悪いことをすぐする」と介護サービスに疑念があるようで，お金のことを心配しています。他の入居者たちも，介護サービスについて，いろいろなとらえ方があるようで，介護サービスをはじめとして何もかも介護スタッフにお任せな人，介護サービスをありがた迷惑に思っている人，いろいろです。それに対して，若者の介入は緩やかで，高齢者が自分の主体性が発揮できるのでしょう。この主体性が発揮できる——いわゆる自我関与ができる状態が，高齢者の行動をよい方向に向かわせた大事な要因です。

　また，高齢者とかかわることによって，若者たちの意識は大きく変化しました。とくに，高齢者とのかかわりを通して，「お年寄りとは（より）美しい」，「人生とは（より）美しい」，「老いとはそんなにむなしいものではない」ととらえ始めています。さらに，話すのが苦手だった若者が，「今回（の経験を通して）人と接することが少し楽しいと感じることができた」のは大きいです。障害があろうとなかろうと，人生の先輩としての高齢者と接することは，若者にとっても十分に意味のある経験となるのではないでしょうか。

*

　認知症高齢者を含めて，一般に高齢者への対応で最低限必要なことは，食事，睡眠，身のまわりのこと，すなわち，生理的欲求と呼ばれるレベルの生活を確保することです。その意味で，これまで介護施設でおこなわれている介護サービスは重要です。そのうえで，生活の質を考慮すると，社会的欲求

と呼ばれるレベル以上の生活を追求することになります。その際，かかわりがキーポイントになってきます。そのような観点から本章での試みがおこなわれました。

　高齢者の生活は，毎日同じで，日々そんなに変わるものではないと思っている人が多いのですが，ベースラインをみていただいたらわかるように，高齢者にも日々いろいろな変化がみられます。活発に動き，介護スタッフといっしょにおしぼりをたたんでくれていた人が，ある日は動きたくない，おしぼりもたたまない，などということも起こってきます。夜，入眠がスムーズだった人が，あるとき急に深夜2時まで歩き回り，騒ぐということも起こってきます。自室にこもりがちだった人があるときは，他の人がいるところで座っている，ということもあります。高齢者と接する人は，高齢者の生活が発達もしないし，変化もないといった思い込みをもたないことです。高齢者にもゆらぎはあります。ときには，そのゆらぎに人為的な出来事が加わり，大きな変化を起こすことになります。施設にいる高齢者が身内の方の面会を受けた後，情緒的に大きな変化を示すことは珍しいことではありません。身内や知り合いの訪問は，嬉しいと同時にいらつきや不安定さを誘発することにもなります。身内や知り合いの方の訪問が悪いわけではありませんが，その人たちが帰った夜，「家に帰る！」といいだしたり，荷物をまとめ始めたり，廊下を行ったり来たりし始めるということはよく起こることです。

　本来，かかわること自体が重要だと思います。そして，かかわりの結果，サポートと呼ばれるなんらかのプラスになることが起これば，それに越したことはないのですが，サポートのためにかかわりをもつべきと考える必要はないのではないでしょうか。しかしながら，これまでに，高齢者へのサポートという観点から，かかわりについてみた研究がいくつかありますので，目を通しておきましょう。高齢者の抑うつの関連要因に関する多数の研究を検証した増地・岸 (2001) は，情緒的サポートは期待，実際の受領ともに多いほど抑うつ傾向を示す得点は低く（ウェルビーイングは高い），期待できる手段的サポートについても同様な傾向があったが，実際に受領している手段的サポートは多いほど抑うつ傾向が高かった，と報告しています。返報できる見込みが少ない（低い）状況でサポートを受けたことは，自尊心の低下を招く可

能性があることを示すデータです。つまり，自分が返せないと思うような大きな援助を受けたと感じたら，逆に自分はそれほどダメになったのかと，生きる意欲さえ，なくしていくのかもしれません。

一般に，高齢者はサポートを受ける側ととらえられることが多いのですが，少なくとも60代の高齢者では，子どもや孫との間の手段的サポートについて，受領するよりは提供する方が多いのです（河合・下仲，1992）。他者にサポートを提供することは，高齢者の心理的ウェルビーイングを高めることにも貢献しています（Krause, Herzog, & Baker, 1992；金・杉澤・岡林・深谷・柴田, 1999）。

サポートの提供に関しては，それ自体の効果とともに，サポートの提供と受領のバランスがとれていること，つまり，互恵性（reciprocity）の効果についても注目されています。衡平理論（equity theory; Walster, Berscheid, & Walster, 1976）は，人は得られる成果が投入に比べて少ない場合だけでなく，多い場合にも苦痛を感じる，と指摘しています。この理論から考えると，提供するよりも多くのサポートを受領することは，高齢者のウェルビーイングを高めることにはなりません。

配偶者と死別した女性高齢者を対象としたルック（Rook, 1987）は，受領より提供が多い場合（過小利得）や，提供より受領が多い場合（過大利得）は，サポートの互恵性がある場合に比べて孤独感が高いことや，友人関係においては子どもとの間よりも互恵性が成立しており，関係への満足度との関連も強いことが示されている，と指摘しています。しかし，この研究では，子どもとの手段的サポートの授受に関しては，提供より受領が多い方が，子どもとの関係への満足度が高いのです。互恵性あるいは過小・過大利得と心理的ウェルビーイングとの関係が，サポートの種類や相手によって異なるという結果は，他の研究においてもみられます（Ingersol-Dayton & Antonucci, 1988）。

一方で，現時点でのサポートの授受が互恵的でない場合でも，長期的には互恵的であることが，高齢者のウェルビーイングを高める可能性もあります。長期的な互恵性の問題は，子，孫など世代間でのサポートの交換について考える際には重要です。高齢期には身体機能の低下により他者からの援助を必要としますが，若いときには，子の世話をしたり，子が結婚すれば孫の世話

をしたりして，サポートを提供していたからです。アントヌッチ（Antonucci, 1985）は，このような長期的な互恵性の仕組みを，過去に預けたサポートを後で引き出すことからサポートバンク（support bank）と呼び，ソーシャルサポートをライフコースの視点で研究する必要を強調しています。

しかしながら，社会関係は，ウェルビーイングに常によい影響を与えるとは限りません。ルックら（Rook & Pietromonaco, 1987）は，効果的でない援助，過度の援助，望まない，不愉快な相互作用（非難，プライバシー侵害など）など，社会関係にもネガティブな側面があることを指摘しています。むしろ，このようなネガティブな相互作用（negative interaction, negative exchange）あるいはネガティブサポート（Antonucci, 1990）の方が，ポジティブな相互作用よりも心理的ウェルビーイングと強く関係しており，ポジティブな相互作用がウェルビーイングを高める効果よりも，ネガティブな相互作用がウェルビーイングを低める効果の方が大きいのです（Rook, 1984, 1994; Newsom, Nishishiba, Morgan, & Rook, 2003）。2つの相互作用の相関は低いことから独立した次元であると考えられ，ポジティブな相互作用を多くしている人ほど，ネガティブな相互作用が少ないとはいえません（Rook, 1994）。しかし，特定の相手との関係には，負の相関も見出されています（Okun & Keith, 1998）。

これまでの高齢者へのサポート研究は，高齢者の面倒は身内がみるものだという前提で進められているので，人間関係の幅が狭くとらえられています。したがって，人間関係のしがらみが，ネガティブ要因として働くことが多いのです。それに対して，本章で模索しているのは，身内のしがらみなどの要因の入らない，高齢者と若者のかかわりです。身内のかかわりを中心に考えると，遺産相続の問題や嫁姑の問題などいろいろなどろどろの感情的要因が入ってきます。それよりも，異世代の高齢者と若者がかかわる方がよほど精神的に健康な，そして，ウェルビーイングをお互いに高められる状況をつくることができるのではないでしょうか。そのような模索として本章での試みは大きな意味をもっていますし，今後，地域や施設で試みていただきたいかかわりなのです。なお，地域で生きる高齢者の人間関係については，筆者（岡林，2005）により報告されています。世代を超えて，若者と高齢者がかかわりをもち，双方が元気になれば，いうことはないでしょう。ADLからQOL

へという観点からしても，かかわるということは大事なキーワードだと思います。

8 章

心理学の知見を応用しよう

　現場で，患者や施設の利用者さんを目の前にしたとき，これまで第1部，第2部でみてきた発達ならびにコミュニケーションの知識をもち，次のような方法（スキルといってもよい専門的な武器です）を知っていれば，対応がしやすくなります。

1．五感をしっかり使おう

　みなさんには，知覚・感覚といった五感（視・聴・嗅・味・触）があります。まずは，それらを使うことを忘れないでください。当たり前のことだと思うでしょう。ところが，みなさんは意外と使っていないのです。患者，利用者さんのことをしっかりみていますか？　ルーチンワークの中で，おざなりになり，見落としが起こっていませんか？

　心理学では，観察を重視します。観察といっても，自分が第三者的な立場にいてみるのではなく，自分がかかわりながらみる**参与観察**です。参与観察をするに当たっては五感を働かせてください。高齢者が口では「痛くない」といっても，歩く様子をみれば痛そうに歩いている，というようなことはしばしば起こっています。そのような状態は，そのお年寄りが「男は他者（ひと）に弱みを見せてはいけない」というような強固な信念をもっているような場合に起こってきます。「高齢者は弱い人だ」というような感覚をもって現場に入った人には，とても信じられないことでしょうが，かつての日本の教育ならびに戦争体験は強固な信念を植えつけてきました。ただ，参与観察し

ろ，といっても漠然とみていては大事なところはみえてきません。ターゲットを明確にしてください。このお年寄りのどこが問題なのか，この患者は何が問題で入院しているのか，それによってターゲットが設定されることになります。まずは，ターゲットを明確にして五感を働かせた参与観察をおこなおう，ということです。

観察は重要です。しかし，観察の一番の落とし穴は思い込みです。思い込みはできるだけ排除する必要があります。思い込みを排除しながら，患者や要介護者を観察する手段として，評定尺度を使う，という方法（評定尺度法といいます）があることを知っておいてください。ターゲットを明確にしながら，ある患者を観察する評定項目（5〜10項目くらいで5段階がやりやすいのではないでしょうか：技術的には，3段階でも4段階でも7段階でもできます）を設定しておきます。スタッフのAさんが評定します。そして，スタッフのBさんも評定します。同じ評定項目ですので，どの項目で一致し，どの項目で一致していないのかすぐわかります。そのズレがスタッフの観察の思い込みにつながっている可能性があります。ケース検討会では，ぜひ評定尺度法を使ってみてください。そのデータをもとに，今後のケースへの対応を考えることができます。

心理学では，ここからさらに問題を追及する際には，心理検査に進みます。心理検査には，パーソナリティ検査，知能検査，特殊心性の検査などいろいろな検査がありますが，患者や要介護者の問題により，fMRI（functional magnetic resonance imaging），認知症診断のための記憶検査といったように目的に沿って検査を実施することになります。

＜情報ボックス 8-1＞

パーソナリティ検査（性格検査，人格検査と呼ばれたことがある）
　　質問紙法　：意識している自分の特徴について，質問項目の選択肢の中から選ぶ。
　　　　　　　　具体的な検査名として，向性検査，Y-G 性格検査，MMPI（ミネソタ多面人格目録），エゴグラム（TEG）などがある。
　　　　　　　［長所］大人数を同時に実施できる。検査の施行と結果の整理が簡単。

　　　　　　　　［短所］被験者の思惑によって影響が出る。意識的側面しかとらえられない。
　作業検査法：一定の指示に従って作業をおこない，その結果からパーソナリティ特徴をみる。
　　　　　　　具体的な検査名として，内田クレペリン精神作業検査がある。
　　　　　　　［長所］検査目的が被験者にわかりにくいので素直なデータが得られやすい。
　　　　　　　［短所］限られた側面のパーソナリティしか測定できない。
　投影法　　：比較的あいまいな刺激を用いて，深層心理（意識しない自分）を調べる。
　　　　　　　具体的な検査名として，ロールシャッハ・テスト，TAT，PFT，SCT などがある。
　　　　　　　［長所］結果が被験者の作為で歪められない。
　　　　　　　［短所］検査者に経験が必要。数量化がしにくい。統計的にあいまいな指標しかもたない。

（臨床現場でアセスメントをおこなう際，観察・面接——評定尺度を併用する——をおこない，ターゲットを明確にしてからパーソナリティ検査を実施してください）

例．**TEG**（Tokyo University Egogram）－項目抜粋
　（アメリカの精神科医バーン〔Berne, E.〕が提唱した交流分析〔TA〕理論に基づき東京大学医学部心療内科 TEG 研究会が開発・作成した5つの心理特性の強弱からその人の特徴をみようとする質問紙法）
　53項目の質問に対して，自分が質問どおりであれば，"はい"に○，違っていれば"いいえ"に○をつける。どうしても決められなければ，どちらでもないにする。

	はい	どちらでもない	いいえ
1. 他人の言うことに左右されやすい	□	□	□
2. 納得のいかないことに抗議をする	□	□	□
3. ユーモアのセンスがある	□	□	□
4. 他人の評価が気になる	□	□	□
5. 寛大である	□	□	□

　（ほか全53項目）

2．臨床心理学からの提言

6章では**心理教育**という視点から，コミュニケーション能力を高めようというトレーニング（心理療法というよりは教育的観点からのトレーニング）を紹介しました。コミュニケーション能力を高めるといった目的のためには，心理療法は適切ではありません。目的によって何が参考になるのか，しっかり見分けることが必要です。しかし，一般的に，心理療法を生み出してきた臨床心理学の考え方，人間のとらえ方には，患者や要介護者に接するときに役立つ知見がたくさん入っています。

(1) 臨床心理学概観

臨床心理学は適応をめざしています。臨床心理学は，「床に臨む」と書くように，病院臨床の治療概念からスタートしました。精神分析学の心理療法である**精神分析療法**は，抑圧されている幼児期の心的外傷体験（トラウマ）を問題とし，20歳のクライアントでも過去にさかのぼり，自由連想法でそのトラウマに行きつき，浄化しようとしました。深層心理の中での闘いです。クライアントは治療者に，トラウマの原因になった当該者（父親など）への気持ちをぶつけてきます。このように，過去に重要な意味をもった人への感情が治療者に向けられることを**転移**といいます。また，ときには，治療者がクライアントに自分の気持ちを入れ込むことがあります。この現象は**逆転移**といわれます。

深層心理という潜在的な問題をターゲットにした精神分析学に対して，顕在的な**行動の学習**を問題としたのが**行動療法**です。行動療法は，間違った行動は誤って学習したものだから，その行動を消去する，または，正しい行動を再学習すればよい，と考えました。したがって，オペラント条件づけは重要な手段となりましたし，シェイピング（形成化法）などもよく使われました。強化（reinforcement）が行動定着のカギになると考えた療法家は，トークンエコノミー（代用貨幣治療法）やほめるのをどのような割合にするのがよいのかといった検討も行いました。

歴史的には，精神分析療法と行動療法の次に出てきて，その二つの心理療

法に飽き足らなかった療法家が集まったのが**人間性心理学**です。代表は，ロジャーズ（Rogers, C.R.：1902〜1987）の**非指示療法**（**来談者中心療法**：クライアントセンタードとも呼ばれます）です。ロジャーズの考え方を集団に生かした（もとは個人療法でしたので）のが**エンカウンターグループ**です。体験過程（Experiencing）理論を提唱し，フォーカシング（Focusing）を創始したジェンドリン（Gendlin, 1961, 1978）の貢献もありました。他にも，「今，ここに」の概念を強く打ち出したパールズ（Perls, Hefferline, Goodman, 1951; Perls, 1969）のゲシュタルト療法，2章で述べた自己実現で有名なマズローやムスターカス（Moustakas, 1985）なども，このグループに入ります。

　上記三つの立場は，考え方の違いにより対立していました。晩年のロジャーズは，その争いに加わらず，研究集会でも1人でポツンと座っていたようです（私がアメリカにいたころです。彼は何を考えているのだろう，と話題になっていました）。そして，地域紛争の解決に並々ならぬ精力を注ぎました

＜情報ボックス 8-2＞

森田療法

　森田正馬（もりた　まさたけ：1874〜1938）によって創案された神経症への精神療法である。森田は，心身の不調に注意を集中することによって，さらに，主観的苦悩が増大し，その結果として神経質症になると考えた。治療の目標は，クライアントが「とらわれ」と「はからい」を脱して，生の欲望を発揮（自己実現といってよい）することである。治療においては，最初の約1週間は臥褥（がじょく）期で一切の活動を禁じ，不安への直面と活動意欲の活性化を図る。そして，軽作業期，重作業期，生活訓練期を通して，「気分本位」から「目的本位」への転換をめざす。つまり，まず，不安があることを事実として「あるがまま」に受け入れ，心身の不調や症状がある状態のままで，作業など具体的な行動を実行していくのである。「この症状さえなくなれば…」という防衛思考から動けなくなっているクライアントは，行動する中で症状から注意が離れている瞬間を体験し，回避していた問題にも直面するようになる。治療者の態度としては，「不問的態度」（原因や理由を追求しない）であり，日記を使用した指導がおこなわれる。

(Kirshenbaum & Henderson, 1989『ロジャーズ選集（下）』誠信書房，1986 の「ルスト・ワークショップ」の章を参照してください）。また，日本人の中からも**森田療法**というすばらしい療法論が出てきました。そして，心理療法が対立している間にも，世の中は変わっていたのです。世の中の変化についていけなくなることを心配した心理療法家たちが 1985 年「心理療法の発展会議」を開きました（心理療法のウッドストック〔1960 年代を代表する大規模なロック・コンサートがありました〕大会と呼ばれました）。そこから登場してきたのが，**認知行動療法**です。認知行動療法は，これまでの心理療法のよいところは認めて継承し，新奇性を加えました。今，うつ病に効果的（薬物療法と心理療法の併用で）といわれているベック（Beck, 1987）などの提案した**認知療法**（Cognitive Therapy），ニューヨークで働く女性（いわゆる一般正常者にも悩みはあります）に人気で先年亡くなったエリス（Ellis, 1958）の**論理療法**（Rational Therapy，Rational Emotive Therapy，Rational Emotive Behavior Therapy：REBT）などがこのグループに属しています。認知行動療法家の中には，出発点は精神分析であったとか，行動療法とかいろいろな療法を勉強して認知行動療法に入ったというように他の療法を学んだ人がたくさんいます。

(2) 受容・共感的理解

　受容・共感的理解という言葉は，介護・看護の分野ならラポールという言葉とともに，何回も聞く言葉です。「相手（患者，高齢者）を受け入れ，相手の立場に立って考えましょう」と実習では何回もいわれますね。

　受容・共感的理解という言葉は，ロジャーズが重要視しました。クライアントが訴えることを，カウンセラーが自分の価値判断で評価せずに，共感的に理解し，クライアントを受け入れていくこと，それが受容（acceptance）です。しかし，これは，クライアントの心理的葛藤を引き受けることも内包し，カウンセラーも自己の内面をみつめ，意識化することが必要になります。共感的理解（empathic understanding）は，クライアントの訴える状況や生の感情などを「あたかも自分自身のものであるように」感じとり，クライアントを理解していくことです。受容と共感的理解は入れ子構造になっていますの

で，受容・共感的理解というように表現します。ロジャーズは，カウンセラーの基本的姿勢と考えていますので，カウンセラーはさらに，共感している自分を観察し，感じたところを吟味し，意識化していくことが重要になります。

今，現場は人手不足で，「とりあえず受容・共感的理解という言葉を知っておいて！」ということで，走り回っているかもしれませんが（ひどい現場では，要介護者が呼んでもスタッフが無視します），この言葉にはクライアント中心という，いいかえれば，人間が中心だという叫びが入っています。重い言葉です。ロジャーズは，この他にも「真実さ（誠実さ：genuine）」という言葉を使っています。表面的に相手に合わせておけばよいというのでは，真実さがないので結局はうまくいきません。終末医療などでは，現実に起こっている課題なのではないでしょうか。

(3) 思い込みをチェックしよう

認知症高齢者が，介護スタッフなどに昔の友だちの名前で親しそうに話しかけることがあります。ときには，介護スタッフを嫁の名前で呼び，その立ち居振る舞いを叱ったりすることもあります。5章で説明しました記憶の混乱（情報処理システムの混乱）によるものですが，その背後には精神分析が問題にした**転移**があります。認知症の人ばかりではなく，患者，要介護者にも**転移**は起こりうるのだ，と考えておいてください。患者や要介護者の立場からすれば，看護師や介護スタッフの誰かは自分の知り合いの誰かに似ている，ということはありうることなのです。一方，看護師や介護スタッフなどのスタッフの方にも，**逆転移**は起こってくる可能性はあります。入居者の誰々は，自分の亡くなったお父さんに似ているとか，自分と仲の悪かったお母さんに似ているとか。スタッフの方の逆転移をそのまま持ち込むと，判断ミスが起こってきますので，そのような思い込みは日ごろからチェックしましょう。目の前の患者，要介護者は，あなたの知り合いの誰々ではなく，まぎれもなくその人自身なのですから。

論理療法のエリスがABC理論という面白い（エリスは洒落が好きで，私のもらった手紙にも洒落がいっぱい）考え方を出しています（表8-1）。普通，

表8-1 エリスのABC理論 (Ellis, 1991)

A (Activating Event:出来事)
B (Belief system:信念, 思い込み)
C (Consequence:結果)
- -
D (Dispute:論ばく)
E (Effects:効果)

わたしたちは,出来事(A)があったからそのために結果(C)が起こったと考えます。例えば,あなたが教室に入ったとき,先に来ていた数人がクスクスと笑った(出来事Aです)。そして,あなたは「あの人たちは私のことを馬鹿にしている。一緒に行動したり,仲よくしたりすることはやめよう」と思うようになります——実際に関係は悪くなります(結果Cです)。あなたは,「あの人たちが笑ったから,関係が悪くなった」と主張するでしょう。しかし,本当は,AとCの間に入る思考があります。「数人の人が笑った」→「あなたは,自分のことが笑われたと思い,その人たちは私のことを嫌っているのではないかと考えた」(B)→「だから,あの人たちと仲よくするのはやめよう」となっているのです。もし,「数人の人が笑った」という出来事があっても,その直後に,あなたが「何なに? 何を笑っているの?」と一言聞けば,「この写真,かわいいでしょう。姉の子どもなの。今,うちに来ているから,今日,うちに来ない!?」などと話が進み,まったく違った展開になる可能性があります。一言聞けばよいことを,自分のことを気にしているので,それが聞けないのです。エリスのいいたかったことは,日ごろわたしたちは,AがCを起こしていると考えがちですが,**実際にはBによってCが起こっている**,ということです。"Belief system"は,これまでの翻訳本では「信念」と訳されていますが,日本語の信念という言葉の語感とは違い,むしろ,不合理な考え方という思い込みの問題がここには内包されています。したがって,エリスは,クライアントの不合理なBをターゲットとし,論ばくし(D),論理療法の効果(E)を導きだそうとしたのです。

また,うつ病に対処している認知療法からも思い込みについて重要な指摘が出されています。うつ病の患者には次のような典型的な思考特徴があると

いうのですが，よくみてみると，うつ病の患者というよりも一般の人の思考にもみられるもので，**思考の悪循環**が，うつになっていくのかどうかという分岐点になるように思われます。また，ここで指摘されていることは，エリスが指摘した不合理な「信念」の典型的な内容だともとらえられます。

1) 選択的抽出（selective abstraction）

ある文脈の中からほんの一握りの細かな点だけを抽出し，そこに注意を焦点づけること。5章の情報処理の話を思い出してもらえればわかりやすいですが，情報が入ってきたとき，人間は無意識にスキーマを利用しながらアテンションをかけます。選択的にアテンションをかけるのです。ここで問題にしているのは，その際，状況の顕著な特徴を無視して，わずかなデータを組み合わせることによって，情報全体を概念化してしまうことです。とくに，うつ病のクライアントは状況の否定的側面ばかりを選び出し，肯定的な側面は排除し，不安障害者のアテンションはもっぱら危険の兆しにだけ集中し，パラノイアの人は虐待の話ばかりを選択的に拾いだそうとする，といわれています。

2) 独断的推論（arbitrary inference）

裏づけになるような証拠がないにもかかわらず，また，反証がはっきりとあるにもかかわらず，ひとつの結論をねじ曲げて，恣意的，独断的に導き出すこと。

3) 過度の一般化（overgeneralization）

単一の事例からあらゆる状況にあてはまる一般的な結論を引き出すこと。

4) 過大視と過小視（magnification and minimization）

最大化と最小化とも呼ばれるもので，ある事例を極端に評価することです。例えば，クライアントが課題の困難さを極度に大きく考え，それを達成するための自分の能力を極度に低く考えるようなことです。

5) 自己関連づけ（personalization）

とくに自分と結びつける根拠がないときでも，外的出来事を自分自身に関係づける傾向。

6) 二分法的思考（absolutistic dichotomous thinking）

物事を白か黒かといった見方に従って解釈する傾向のこと。人間関係でも，

あの人は敵，この人は味方といった見方ですべてをみる人がいます。うつ病のクライアントは，自分自身をとらえるとき，有能か無能か，成功か失敗か，といった相互排除的な考え方をすると指摘されています。

　認知療法では，上記のような自動化している考え方（思い込み）を同定し，その認知的誤りに気づかせ，行動論的な技法（活動のスケジュールを作り，課題の段階的な割り付けをおこない，実際に日常生活の中で実践します）を用いながら対処します。
　認知療法はもともとうつ病の患者への対応として開発されてきていますので，うつ病治療にしっかり使ってください。しかし，そればかりではなく，認知療法，論理療法の考え方は，他の患者や要介護者への対応に応用できます。また，自分のセルフコントロールにも役立つと思います。介護スタッフや看護師の心理的状態は，患者や要介護者に影響を与えるということを知っておいてください。夜勤で介護スタッフが「今夜は何かよくないことがあるのではないか」と不安に思っていたり，昨日恋人と喧嘩したことをくよくよ考えていたりすると，思いがけないトラブルが起こることがあります。介護スタッフの心理状態は施設入居者に伝染するのです。ときには，介護スタッフが，自分自身の不安さから，寝かけた入居者に，「○○さん，大丈夫ですか？」などと声をかけ，寝そびれた入居者が徘徊し始めるなどというように，介護スタッフの不安な思いが入居者の余計な「問題行動」を引き起こすケースもありますので，気をつけましょう。
　介護スタッフと入居者の関係がこじれたケースを検討していて，最初は単純な思い込み（勘違いといってもよい）から始まったと思われるものがいくつかあります。ある介護スタッフが夜勤の際，飲むつもりで，飲料水のペットボトルを何気なく入居者の使っている冷蔵庫に入れておき，実際に夜勤のとき，それを飲みました。ところが，その飲料水のペットボトルが，ある入居者がその冷蔵庫に入れてあったものと同じ種類のものだったのです。偶然にも，その入居者は，介護スタッフが冷蔵庫からペットボトルを取り出して飲むのを見てしまいました。夜のことですから，冷蔵庫を開けたとき，そのペットボトルを冷蔵庫の光がスポットライトのように浮かび上がらせたのか

もしれません。その入居者は,「介護スタッフが,私のペットボトルを盗んだ!」といいだし,暴れてその夜は他の入居者も眠れず,その次の日から,その介護スタッフに口もきかなくなりました。これは入居者の思い込みですが,この入居者は,以前から被害者意識が強く,他の入居者に対しても攻撃的になる傾向がありました。ユニット・ケアーなどで集団生活をするに当たっては,他の人にものを取られるのではないか,という心配があるものです。その心配を減らす方向に介護者は動かなくてはなりませんが,入居者の共同利用の冷蔵庫に介護スタッフのペットボトルをいっしょに入れたというのは迂闊(うかつ)でした。入居者の思い込みが働かないように,予防策を考えておくことも必要でしょう。

　くれぐれも,思い込みの悪循環が起こる,ということは避けましょう。そして,論理療法や認知療法が認知行動療法と呼ばれていることに注目してください。思い込みに気づき,その思い込みに対応するためには,行動が必要なのです。

3. いやしについて

　「いやし」という言葉が,近年多用されています。「かわいい」という言葉といやしが入り混じっていることもあります。それだけ,わたしたちは心がいやされていないのかもしれません。しかし,いやし(healing)とはいったい何なのでしょうか。終末医療にかかわったリーマン(Remen, R.N.)は,モイヤーズ(Moyers, 1993)との対談で,次のように述べています。

> 癒すということと治療することは違うのです。癒すということは,私たちすべての人間が常時関わりをもっている過程(プロセス)です。医師がこの世に現れるはるか以前から人間は互いに癒し合ってきたのです。私たちは,だれもが傷を負った治療者(ヒーラー)なのです。癒しとは,体調が良くなるということよりも,もともとあなた自身のものではないもの,例えば,期待とか信仰といったものをすべて捨て去り,本当の自分に立ち返ることです。(小野訳,1994より対談のポイントとなる文章を抽出しま

した)

　ここで話されているのは,「私はまぎれもなく私である」という存在感であり,自分の内に完全性 (integrity) の感覚をもつということがいやしであり,そのいやしによって生きる意思が喚起される,というものです。また,いやしの過程は教育の過程に酷似している,と指摘しています。

> (癒しの) 過程は教育の過程に酷似しています。教育(エデュケーション)という言葉の語源は「エデュケアー」という言葉ですが,その意味は「全体性(ホールネス)もしくは完全無欠のこころの健康状態を育成する」ということです。癒し(ヒーリング)にもまた,患者における全体性を育成することになります。人間は肉体的に健康になっても,感情的,心理的,精神的に健康になれない場合もあります。また,感情的に健康になれても,肉体的に健康になれない場合もあります。(小野訳, 1994, p.382)

　このいやしについての対談は,考えなければならないことがたくさんあるように思われます。誰もがヒーラーである,という言葉の裏には,今かかわっているのは,医師や他の専門家だけであるという現代のこう着した人間関係を指摘している,という意味がありますし,いやしとは「まぎれもない私」感覚であり,心の奥底からの想起なのです。そのようないやし体験が起こると身体が反応するし,感動するのです。自分の深いところで何かが変わった,何かが動いたといった感覚が生じるのです。実際に,物事の感じ方,受け止め方が変わってきたり,日々の言動や態度が変化してくるのです。そのような意味で,いやしというのは実感と実体のある言葉なのです。

4．社会臨床という考え方

　先に,臨床心理学を概観しましたが,そこでの考え方は基本的に個々人が社会に適応する,という発想でした。それに対して,社会自体でその個々人を育もうという発想もあります。それを社会臨床と呼びます。日本の医療は,

手術などの先端医療ではすばらしくすぐれたところもありますが，精神医療に関しては遅れている点があります（WHO などからも指摘されていますね：WHO は日本の**「精神病床数の多さ」**，**「在院日数の長さ」**を具体的に指摘しています。例えば，1968 年の WHO クラーク勧告）。

　近年，先進国ではうつ病が社会問題化しており，スカンジナヴィア諸国，イギリス，ヨーロッパ，いろいろな国で対応が進められています。そのうつ病の問題とともに，精神医療で従来大きな問題となっていたのが統合失調症（schizophrenia：以前は，精神分裂病と呼ばれていました）です。中世では魔女狩りにあったり，日本でも座敷牢に入れられたり，といった悲惨な歴史があったわけですが，その統合失調症への対処を中心に，精神医療は世界的には，閉鎖病棟から開放病棟へ，開放病棟から通院治療へ，という動きにあります（WHO の指摘の意味がわかるでしょう）。

　ところが，イタリア北東部に位置するトリエステは，精神科の病院を廃止するという快挙（暴挙だともいわれました）に出たのです。みなさん，冗談だと思うでしょう。実際に，1978 年，バザーリア法と呼ばれる法律 180 号の制定に成功し，トリエステ精神病院が閉鎖されたのです。ただし，①精神科の病院の廃止，とともに②地域のセンター設立，③社会復帰のための共同体創設，がセットになっていました。これによって，精神病院は元患者（「ゲスト」と呼ばれます）と市民のためのさまざまな施設に生まれ変わりました。それまでの入院患者は，街の中の寮，アパート，そして家庭で暮らすようになり，病気が悪くなれば，地域の精神保健センターで拘束のない治療を受けます。今も，四つの地域センターが配置され，それぞれが約 6 万人の市民の精神科医療を担当していると聞いています。センターは，医療，相談，娯楽などを兼ね，地域住民もそこを利用し，またボランティアをしています。緊急入院のためのベッドも各八つはあり，急性期状態をケアしています。さらに社会復帰については，協同組合運動があり，そこでは障害者と市民が協同して仕事に従事し，レストランやホテルの経営や農業など広く産業に携わっているということです。

　このトリエステの革命は，バザーリア（Franco Basaglia：1924 〜 1980）を中心とした革新的な精神科医たち（当時は，反精神医学者，ラジカルサイコ

ロジストなどと呼ばれました）が地域住民の賛同を得ておこなったものです。もちろん，改革までの道のりは平坦ではなく，法律制定後もさまざまな批判があります。なかでも資金，補助金の不足，そして，大学（精神医学部門）の無関心からスタッフ不足は大きな問題でしょう。法律180号は常に修正・改悪を迫られているといいます。しかし，それにもかかわらず，現在でもトリエステの地域精神医療は機能し，精神障害者はあらゆる場面でスタッフや市民と同等にミーティングに参加し，街で生活しています。このトリエステの挑戦に拍手を送りたくなりますね。

　このように，社会で個々人を育んでいこうという発想を社会臨床といいます。もう一度確認しますが，トリエステが動き始めた1960年代から1970年代というのは，世界的には，大規模な精神科の病院への長期入院の弊害と人権侵害が知られ，地域精神医療への転換が起こりつつありました。その中でも，トリエステの運動はそのビジョンの大きさからも，抜きん出たものでした。その一方，日本では，高度経済成長のもとで，精神科の病院が次々と作られ，精神障害者の隔離と長期の収容が進んでいたのです。精神医療を含めて，医療や介護のシステムは今あるものがすべてではありません。今の社会，これからの社会を見すえて，そこに生きる人間のことを考えたシステムに変えていく柔軟性が私たちに必要なのではないでしょうか。

第4部
心のしくみを構造化し，
試験問題を解いてみよう！

他者(ひと)とのコミュニケーションの重要さ，楽しさがわかってきましたか。
思い込みは捨てて，コミュニケーションを楽しみましょう。

認知症の人は何もできない，わからない人ではありません。
人間の気持ち，感情はあるのです。
閉じ込めようとするから，外に出たがる。
周囲に知り合いがいないから，戻る道を教えてもらえず迷ってしまう。
「行方不明」ということになってしまうので，徘徊と呼ばれるようになる。

遠景のシルエット：独立行政法人国立病院機構K病院——さあ，旅立ちです

9 章

国家試験に向けて

　おそらく，みなさんの多くが国家試験を受けることでしょう。国家試験には，心理学という科目はありませんが，試験には心理学関連の問題が多く出題されます。本書ではこれまで，いろいろな心理学用語や理論を使いながら，心のしくみについて論じるとともに，看護・介護場面での対応を考えてきました。国家試験を受ける際，当然，そのような心理学用語や理論は大事なので，本章では，心理学の全体像を概観しながら，心理学のめざしている点をとらえてみます。

　人間の見方がいろいろあるように（例えば，性善説・性悪説），学問のとらえ方もいろいろあり，同様に心理学理論も一つではありません。さらに，学問にはいろいろな分野があるように，心理学にも発達心理学，教育心理学，パーソナリティの心理学（性格心理学），臨床心理学などの分野があります。この分野の名前はみなさんに比較的，なじみのあるものではないでしょうか。本章では，心理学理論を歴史的に追いながら，分野とクロスして出現してくる話題について考えてみましょう。

1．心理学理論の流れ

　かつては，すべての学問は哲学であった，という時代がありました。ギリシャ哲学（ソクラテス，プラトン，アリストテレス）などはその代表的なものですが，デカルト（René Descartes：1596～1650）やカント（Immanuel Kant：1724～1804）なども，みなさんは聞いたことのある名前でしょう。机

の前に座り，これまでに書かれた文献を調べ，いろいろ考えて自分の理論を出してきました。思弁法などと呼ばれる学問の考え方です。そして，19世紀は，それまでの学問の考え方に批判が出され，新しい学問——すなわち，科学——が登場してくる萌芽期でした。

(1) **科学的心理学の登場**：ヴント（Wilhelm Wundt：1832～1920）の意識心理学

　ヴントは，1879年，ドイツのライプチヒに世界ではじめて心理学実験室を作り，科学としての心理学をスタートさせました。実験室といっても，みなさんが今考える実験とはかなり趣が違っているのかもしれません。メトロノームの音を聞いてもらい，テンポの短長により意識された興奮や沈静といった感情的要素を逐一報告してもらったのです。この方法を内省報告といいますが，その内省報告をもとに分析しようとしたので，ヴントの心理学は意識心理学と呼ばれますし，意識を分析するということから要素主義，構成主義といわれます。ヴントは人間の中心（核）を意識だととらえていたのですね。

ヴント（Wilhelm Wundt）
Archives of the History of American Psychology-
The University of Akron

　ヴントのところには，世界中から新しい心理学を身につけようと研究者が集まりました。当然，日本からも行っています。その当時，日本は何時代だかわかりますか？「欧米に追いつけ！　追い越せ！」のかけ声で動いていた時代——明治——です。彼らは旧帝大に新しい考え方をもって帰りました（当

時，日本では，哲学の中に心理学がありました）。そして，そのような実験土壌の中で，みなさんご存知の『リング』の貞子さんのモデルといわれる御船千鶴子さんや長尾郁子さん——当時，新聞で「千里眼」をもつといわれていました——の実験が心理学者と物理学者の手でおこなわれましたが…。19世紀末の暗い世相の中での出来事です。話を戻しましょう。

　20世紀に入ると，すぐに，ヴントの心理学への批判が出てきます。三つの批判が出てきますが，まずは，精神分析学からの批判をみてみましょう。

(2)　ヴントへの批判(1)：精神分析学

　ヴントは人間の中心（核）を意識だととらえた，という話を先にしました。哲学でもこのとらえ方は出てきます。それまでの学問のとらえ方からすれば，人間の中心は意識である，というのは違和感のない話だったのかもしません。しかし，本書をここまで読み進んできたみなさんは，違和感をもたれるでしょう。以前，パーソナリティの話をしました。そのパーソナリティは氷山にたとえられ，水面上に出ている部分を意識している部分，水面下に沈んでいる部分は無意識な部分と比喩されます。このたとえは，高校時代の倫理社会の時間などで聞いたことがあるでしょう。氷山と同じで，パーソナリティも水面下（無意識）に沈んでいる部分が多いのかもしれません。この考え方は，精神分析学の考え方です。つまり，精神分析学の研究者は，人間の中心（核）を無意識だととらえたのです。そこで，意識重視のヴントの考え方を批判したのですね。

　精神分析学者の代表は，フロイト（Sigmund Freud：1856〜1939）とユング（Carl Gustav Jung：1875〜1961）です。本書では，すでにおなじみですね。フロイトもユングも精神分析学者であるとともにすぐれた療法家でありました。ただ，クライアントとの関係について，ユングの接し方にフロイトは物申したかったのでしょうね。共同研究を進めてもらいたかったのですが，残念ながら，そうはいきませんでした。そのあたりは，書簡集（McGuire, 1974）をご覧ください。しかし，人間の中心を無意識だとして，どのように研究を進めるのでしょうか。意識をしないから，無意識ですよね。日常生活の中で，無意識が出現するときはないのでしょうか？　ありますね！　そう，夢です。

彼らは，夢の中に無意識を見いだしたのです。くれぐれも気をつけていただきたいのは，彼らが夢分析をやろうとしたのは，タロット占いなどと同レベルの夢占いをやろうとしたのではありません。夢はその人の無意識が出現するものですから，その夢を分析し，その人（クライアント）の治療に役立てようとしたのです。何が治療のターゲットになるのか，何がトラウマなのか。無意識が出現する夢は，大事な手掛かりだったのです。

フロイト（Sigmund Freud）
Archives of the History of American Psychology-
The University of Akron

　精神分析の流れは，娘のアンナ・フロイト（Anna Freud：1895～1982）を経て，いわゆる正統派のフロイト派やネオ・フロイディアンといった分派はあったものの，無意識の重要性は引き継がれています。ホーナイ（Karen Horney：1885～1952），フロム（Erich Fromm：1900～1980），サリヴァン（Harry Stack Sullivan：1892～1949），エリクソン（Erik Homburger Erikson：1902～1994）などは翻訳本が出ていますので，読んでみてください。

(3)　ヴントへの批判 (2)：行動主義心理学
　「科学とは？」と真剣に考えた時代です。実証，データの再現性，具体的にその現象がみられること（可視性）。そのようなことを考えると，物理学が科学の代表だという思いに至ったのでしょう。精神物理学をめざすという方向性が出てきます。
　そのような流れの中から，ワトソン（John Broadus Watson：1878～1958）

は，客観的に観察しうる行動のみを科学としての心理学の対象とすべきだと主張しました。ヴントが重要視した意識は，目で直接見えないのです。

ワトソン（John B. Watson）30歳のころ
Archives of the History of American Psychology-
The University of Akron

みなさんが，自分は相手のことが好きなのに，まだ相手の気持ちがよくわからないという人とデートしたときのことを考えてください。自分のことが好きかどうか聞けないので，コーヒーなどを飲みながら，相手のことを一生懸命観察しますね。仕草，目の動き，これらはすべて行動です。行動から心をとらえる，というのは別に不思議な話でもないですよね。わかりやすいです。したがって，行動主義心理学の考え方は，あっという間に世界に広がりました。ただし，行動主義心理学という呼び方はワトソン一代にしておいてください。ワトソンはアメリカ心理学会（APA）の会長まで務めた人ですが，スキャンダルがあって，アメリカ心理学会から追放されました。考え方はすばらしかったので，後で述べるS-R心理学などに継承されますが，その呼称は引き継ぎたくはなかったのでしょう。とりあえず，「意識の心理学から行動の科学へ」と呼ばれる心理学の展開が始まったのです。

(4) ヴントへの批判(3)：ゲシュタルト心理学
　ヴントの心理学は要素主義，構成主義であるという話はすでにしました。そこにひっかかったのがゲシュタルト心理学です。ゲシュタルト（Gestalt）とは，ドイツ語で「形態」のことをいいます。もう少し，詳しく説明すれば，

全体は部分の寄せ集めではなく，それらの総和以上の体制化された構造のことをいいます。

ウエルトハイマー（Max Wertheimer：1880〜1943）が**仮現運動**（狭義にはφ現象）を発見したことに端を発し，ケーラー（Wolfgang Köhler：1887〜1967）やコフカ（Kurt Koffka：1886〜1941）が**洞察学習**の理論を発展させました。後に，レヴィン（Kurt Lewin：1890〜1947）が加わり，学習を認知構造の変化ととらえ**場理論**を提唱することになりました。

ケーラー（Wolfgang Köhler）
Archives of the History of American Psychology-
The University of Akron

このように説明すると難しく聞こえますが，ゲシュタルト心理学の主張したことはみればわかります。夜，電車に乗っていて，線路のわきの点々と続く明かりが，動くように見えたことはありませんか。明かり自体は動いていないのに，動いて見えるのです。要素主義，構成主義の観点からいえば，一つひとつの明かりは動いていません。ところが，人間には動いて見えます。それは，人間が要素主義的，構成主義的に見ているのではなく，全体から連続性をもって見ているので，動いていないものが動いて見えるのである，ということになります。また，図9-1のようなものを見たことがあるでしょう。線分ACと線分BCはどちらが長く見えますか？ 線分BCが長く見えますね。それはなぜでしょう。全体から見ているので，矢ばねが影響を及ぼすのですね。要素主義，構成主義の立場からでは，説明できません。

ゲシュタルト心理学はいろいろな錯視図形を紹介しましたし，アニメの原

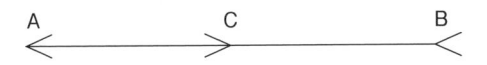

図9-1 ミュラーリヤーの錯視図形（Müller-Lyer illusion）

型の理論も出しました。美術の分野にも大きな影響を及ぼしました。ゲシュタルトの全体性を重視する力学観は，人間性心理学への流れにつながるといわれています（『医学大辞典』第2版，医学書院）。ともあれ，ゲシュタルト心理学の研究者たちの多くは，ドイツ語を使っているのでおわかりのように，ドイツに住んでいましたが，第二次世界大戦に突入したことにより，ナチスの迫害を受け，アメリカに亡命することになります。

(5) 行動の科学の発展：S-R心理学

行動主義心理学の考え方に影響を受けた心理学者たちが，広い意味での刺激（Stimulus）と反応（Response）を軸にした心理学を作り上げていき，これが一時代，世界のマジョリティになります。頭文字をとって，S-R心理学といいます。

S-R心理学というと，スキナー（Burrhus Frederic Skinner：1904〜1990）が真っ先に出てくるでしょう。アメリカの心理学者で，道具的条件づけ（オペラント条件づけ）を提唱しました。実験に使うネズミやピジョン（小ぶり

スキナー（B.F. Skinner）
Archives of the History of American Psychology-
The University of Akron

な鳩)を前にして白衣を身にまとった写真はみなさんもご覧になったことがあるのではないでしょうか。スキナーにとって，S-R心理学というのは単なる専門の話だけかと思いきや，生活全般に及ぶ考え方だったようで，*Walden Two* (Skinner, 1948)という理想郷を提案し，自分の娘をその考え方で育てた(彼女の人間性については私の院生時代話題になりました)ということです。

　本書の学習理論の項で述べた，ソーンダイク(Edward Lee Thorndike: 1874〜1949)，バンデューラ(Albert Bandura: 1925〜)，ミラー(Neal Elgar Miller: 1909〜)，ダラード(John Dollard: 1900〜1980)らも広い意味でのS-R心理学者でしょう。

(6) 認知心理学の登場

　ゲシュタルト心理学者がアメリカに亡命し，そのアメリカには全盛期のS-R心理学がありました。発想の異なる心理学がぶつかったのです。発想の異なるものがぶつかると，対立するとともに，新しい融合が生まれることがあります。S-RからS-O-Rといったオーガナイザー(Organizer)を意識した考え方が登場します。

　その一方で，アメリカでは，言語学からのS-R心理学批判が起こります。言語学者チョムスキー(Noam Chomsky: 1928〜)は，生成文法理論を提唱し，言葉の創造的側面・普遍的特質・習得の生得性を主張しました。この言葉の習得に当たっての生得性がS-R心理学の学習論と対立しました。子どもは，単に大人のしゃべり方を学習しているのではなく，自分自身が文法体系をもって生まれてきているというのです。

　そのころ，世の中全体が変わり始めていました。コンピュータが出現したのです。はじめは，部屋いっぱいの設備で演算速度もゆっくりしていましたが，今ではコンパクトでスピードも速くなりましたね。そのような時代背景を受けて，1960年ころに認知心理学が登場し，行動の科学とは異なる心の科学を提唱することになります。

　認知心理学が登場するに当たって，認知心理学は，ゲシュタルト心理学の全体性を継承し，S-R心理学を批判します。とくに，見えないものを否定した行動主義心理学・S-R心理学に対して，心を研究するに当たって，見えな

いものにも重要なものがある（例えば，意識，無意識，イメージ，スキーマ，パーソナリティ）ととらえ，見えないものも見えるようにすればよい，と主張しました。この主張は，コンピュータを中心にした技術の進歩があったからこそいわしめたものです。今では，脳波や心電図，指尖脈波など画像処理ができるのが当たり前になっていますが，技術があったればこそ，です。人工知能（Artificial Intelligence：AI）などという言葉も珍しくないでしょうが，認知心理学が影響を及ぼし，認知科学としていろいろな分野がかかわった結果です。認知心理学が復活させた用語の一つであるスキーマは，先ほどのチョムスキーの議論を支えました。たしかに，人間は，遺伝子情報を含めてご先祖様から受け継いだスキーマをもって生まれてきます。言葉に関しても，その言葉文化に内包された文法体系などのスキーマをもっていると考えられます。しかし，そのスキーマは，崩れない頑強なものではなく，ピアジェ（Jean Piaget：1896～1980）が認知の発達で論じた同化と調節でもって新たなスキーマが作られ，変容していくのです。

　認知心理学が登場してきた当初，S-R心理学を批判し（Jenkins, 1974のS-R心理学批判は読み応えがあります），その主義・主張が明確でした。全体性をとらえ，目に見えないものも心の研究には大事なものがあるので，それを見えるようにして研究しよう，という姿勢が明白でした。ところが，認知心理学がポピュラーになり，世界的に認められるに従って，S-R心理学との違いもわからなくなってきました。

(7)　混沌から新たな心理学の創生へ

　認知心理学がぼやけてきた理由のひとつに，感情研究があります。認知に比べて感情が研究しにくいという理由から，心理学者は感情研究を避けてきました。ところが，加齢臭など臭いを気にする人のことを考えてください。精神物理学的に臭いをとらえると，臭い計測器で測定し，このあたりが嫌な臭いと感じる人の分布の中心点になるといった話になりますが，同じ臭いをある人は嫌だと感じ，別の人は気にしません。例えば，「夫婦仲が悪いと，相手の洗濯物を臭いと感じる」（ライオン㈱：「夫に対する意識と洗濯物のニオイ」に関する意識・実態調査，2008, http://www.lion.co.jp/ja/company/

press/2008/pdf/2008046.pdf）ように，相手への感情によって臭いかどうかの認知は違ってくるのです。認知と感情は相互作用をもちます。さらに，21世紀になってからの人間の問題を考えてください。うつ病などの感情障害をはじめ，感情は人間にとって重要なのに研究されていないことに改めて気づかされました。そして，21世紀になり，脳研究が進歩しましたね。さらに，気をつけなければならないのが，遺伝子研究です。20世紀の終わりには，遺伝子がわかれば人間がわかる，とさえいわれました。しかし，21世紀になって，遺伝子研究が進んだ結果，逆に，遺伝子は相互作用する遺伝子が多く，遺伝子のコラボレーションが問題になってきました。

　例えば，身近な話題として，好きだという感情——恋愛感情につながります——について考えてみましょう。池谷（2009）は，脳科学の立場から，脳の揺れ，ならびに，「選択盲（せんたくもう）」の話題を通して，人間は好きになった理由を聞けばいろいろ説明するが，それは後づけの理由で，「長い時間一緒にいれば好きになる」といった，いい加減な思い込みから出てきているのだと主張しています。恋愛をロマンティックなものとしてとらえたい人にはショックな主張ですが，恋愛のある側面を説明しています。従来，心理学では，恋愛感情を構成要素に分けて研究しようとしてきました。彼の横顔が好きだとか，彼女の話し方が好きだとか，分割して考えようとしてきたがために，恋愛感情の追及に失敗してきました。恋愛感情は，ゲシュタルト心理学が主張しているように総合体なのです。要素に分割して，好きな部分を尋ねても，池谷など脳科学者が主張しているように後づけの説明にしかすぎないのです。しかしながら，わたしたちが人を好きになるとき，あるパターンをもって好きになることが一般的です。あるタイプの人と，その反対（好きになる主体にとっては反対だと思っていることが多い）のタイプの人との間を行きつ戻りつしていることがあるのではないでしょうか。これも揺れなのですが，単なる揺れではありません。遺伝子レベルの要因，発達レベルでの要因，日々の出来事をどのようにとらえるかという要因，などの要因が作用しあい，コラボレーションが起こらないと恋愛感情はできあがってきません。そもそも，恋愛感情は変容するのです（付き合う前，付き合い始めてすぐ，絶頂期，倦怠期，終末期などで恋愛感情は異なるでしょう）。変化するものを静的（static）にとら

えようとすること自体，間違っていたのです。これまで，心理学を含めて科学は，変化・変容を十分にとらえられていなかったのです。動的（dynamical）な視点が求められています。

今，心理学は従来の殻に閉じこもっているのではなく，脳研究や遺伝子研究との学際的研究を通して，感情研究などの新分野に打って出る必要が出てきています。おそらく，これから必要になってくる考え方は，いろいろな構成要素間の相互作用を通して出現するコントロールパラメータの追及と，そこから生み出されてくる現象の全体像をとらえるダイナミカルシステムの発想でしょう。これは，分野によっては，複雑系と呼ばれたり，力学系やカオスなどと呼ばれる現象とつながる話なので，いろいろな科学分野に共通する言葉を使うことも必要になってくるかもしれません。そのような意味で，医学・工学・心理学・看護・介護，などはつながっていると考える必要が出てくるでしょう。

2．心理学の理論と分野のかかわり

上記の心理学理論の流れの話題を心理学分野とクロスさせてみましょう。みなさんがよく聞くトピックスが思い当たるのではないでしょうか。

図9-2の心理学理論と心理学分野のクロスをみると，それぞれの心理学理論の重きをおいていた分野がわかります。また，時代の移り変わりによって，主要分野が変わってきたこともわかります。意識心理学は知覚・感覚心理の分野に貢献しましたし，S-R心理学とゲシュタルト心理学の学習分野への貢献は，オペラント条件づけ学習などの行動の学習から洞察学習への移り変わりが読み取れます。洞察という思考の重視から，認知主義という観点が導かれ，認知心理学の誕生につながりました。

臨床心理の分野をみてみましょう。精神分析学の臨床心理への貢献は精神分析療法です。S-R心理学の臨床心理への貢献は行動療法です。ゲシュタルト心理学の臨床心理への貢献はゲシュタルト療法です。さらに，認知心理学の臨床心理への貢献は，認知療法です。S-R心理学と認知心理学は理論的には対立していましたが，臨床心理の分野では，認知行動療法を生み出す結果

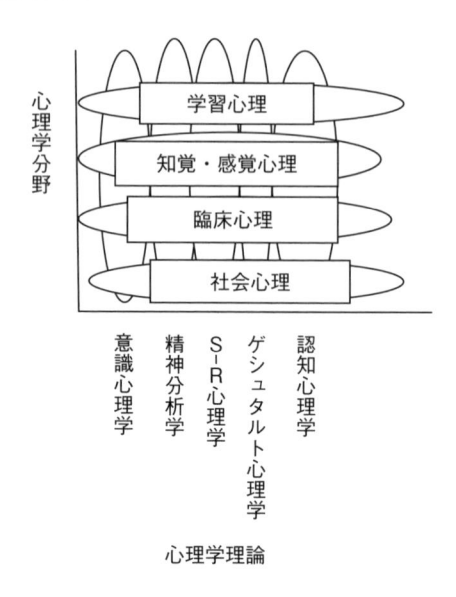

```
          心理学分野
          ┌─ 学習心理
          ├─ 知覚・感覚心理
          ├─ 臨床心理
          └─ 社会心理

    意識心理学  精神分析学  S-R心理学  ゲシュタルト心理学  認知心理学
                        心理学理論
```

図9-2　心理学理論と心理学分野のかかわり

になりました。したがって，臨床心理の重要な構成事項である心理療法の観点からすれば，認知療法も広い意味での認知行動療法のひとつになります。

　繰り返しますが，人間を見る見方にもいろいろあるように，心理学理論にもそれぞれ人間のとらえ方に特徴があります。さらには，その理論から導き出される分野での方法論にも人間観が映し出されます。中国の人間観に性善説・性悪説がありますが，行動療法というのは基本的に性悪説に似た人間観があります。間違ったことを学習した，というところからスタートするからです。ゲシュタルト療法のパールズ（Frederick S. Perls：1893～1970）なども性悪説でしょう。「今，ここで」の気づきを重要視しながら，クライアントの矛盾・防衛をとことん追求するパールズは閻魔大王様並みの怖さがあります。それを歓迎するクライアントがいるわけですから，性悪説が悪いわけではありませんよ。一方，性善説の代表は，ロジャーズのクライアント中心療法（非指示療法ともいわれます）でしょう。クライアントはもともと適応したいという願望はもっているので，それを援助するのがカウンセラーの役割だとするロジャーズの考え方は，人間は元来よいところがあるので，それを伸

ばしましょう，という考え方に通じるものがあります。日本人は，心理療法というと"ロジャーズ・タイプ"のカウンセリングを連想する人が多いのですが，心理療法は決してそれだけではありません。かつて，パールズもロジャーズも人間性心理学（Humanistic Psychology：現象学的・実存主義的アプローチ）という流れに属するといわれました。これは，第三勢力とも呼ばれた心理療法の流れです。精神分析療法，行動療法という大きな二つの流れに属さないという意味で用いられましたが，今では通用しなくなりました。人間性という言葉もあいまいになり，使われなくなっていますね。わたしたちの人間性があいまいになっているというのは，やはり，問題なのではないでしょうか。

3．認知症高齢者に関して

　高齢化している社会の中で，高齢者，とくに認知症高齢者がどのように生きていくか，どのように地域住民，介護・看護がかかわっていくのかということが大きな問題となっています。これまで「高齢者の介護は家族が行う」という考え方が中心でしたが，それは元タレントの清水由貴子さん（享年49歳）の自殺（原因は母親の介護によるうつ状態ではないかといわれています）を取り上げるまでもなく，破たんした考え方でしょう。介護をしている家族を追い込むのではなく，周囲の協力体制が必要であることはいうまでもありません。とくに認知症の人と接する際，周囲の人は，できなくなることに注意を向けがちです。そのような見方をすると，自分までもが落ち込んでしまいます。そして，認知症（統合失調症もそうなのですが）は，かかわる周囲の人の人間性を突いてきます。表面的な対応ではすまなくなりますので，覚悟をしておいてください。そして，認知症高齢者を少しでも理解するために，その心のメカニズムを考えてみましょう。

　認知症の核になっている問題は，認知の障害です。先ほど会った人の名前が思い出せない，先ほど食べた食事のこと——食事をしたこと自体が思い出せない，認知症が進行すれば，食事のとき箸を目の前にして「これは何をするものですか？」と尋ねてきます。トイレに行っても，「これはどのように使

うものですか？」と尋ねてきますし，尋ねずにそのままズボンをはいたまま粗相をすることも起こってきます。記憶にともなう状況の解釈，判断ができなくなるのです。

　あらためて定義的に述べておくと，**認知症**は，後天的な脳の器質的障害により，いったん正常に発達した知能が低下し，記憶力，判断力や計画力などが障害を受け，普段の社会生活に支障をきたした状態をいいます。医学的には知能のほかに，記憶，見当識の障害やパーソナリティ障害をともなった症候群として定義されています。かつて，日本では痴呆と呼ばれていました。痴呆という言葉が差別的だということで，2004年に厚生労働省の用語検討会によって「認知症」へのいいかえを求める報告がまとめられ，名称変更が行われました。ただ，認知症への名称変更に当たっては，それまで「認知」という用語を厳密に知的能力として使ってきた心理学や神経科学系の学会（社団法人日本心理学会，日本基礎心理学会，日本認知科学会，日本認知心理学会など）からは，反対意見が提出されました。2005年の通常国会で介護保険法の改正が行われ，「脳血管疾患，アルツハイマー病その他の要因に基づく脳の器質的な変化により日常生活に支障が生じる程度にまで記憶機能及びその他の認知機能が低下した状態」としています。そのように包括的に認知症をとらえていますので，分類の仕方もいろいろありますが（7章でも紹介しましたね），原因疾患によって，**血管性認知症**（多発梗塞性認知症広範虚血型 [Binswanger 型白質脳症を含む]，多発脳梗塞型，限局性脳梗塞型，遺伝性血管性認知症など），**変性性認知症**（アルツハイマー型認知症，パーキンソン病，前頭側頭型認知症 [frontotemporal dementia: FTD]，ピック病，びまん性レビー小体病 [Diffuse Lewy body disease: DLBD]，ハンチントン病，進行性核上性麻痺）といったように分類されています。とくに，脳血管性認知症，アルツハイマー型認知症，レビー小体，ピック病などは最近，よく聞く病名になっていますね。以前，日本人には脳血管性認知症が多い（対策として，高血圧，高脂血症，糖尿病を防げ!!）といわれていましたが，だんだん，アルツハイマー型認知症が増えています。また，若年性認知症の問題も気をつけなければいけません。認知症は高齢者だけが発症する病気ではなく，働き盛りの人でも発症します。若年性認知症とは，18～64歳で発症する認知症であり，厚

生労働省が 2009 年 3 月に報道発表した『若年性認知症の実態等に関する調査結果の概要及び厚生労働省の若年性認知症対策について』（http://www.mhlw.go.jp/houdou/2009/03/h0319-2.html）では，全国における若年性認知症者数は 3.78 万人（95％信頼区間 3.61-3.94）と推計しています。ただ，ここまで病名を列挙してきましたが，必ずしも病院での診断がうまくいっているとは限りません。例えば，精神科医療における診断は，医師の経験によるものから，**DSM**（Diagnostic and Statistical Manual of Mental Disorders：精神障害の診断と統計の手引き）や **ICD**（International Statistical Classification of Diseases and Related Health Problems：疾病および関連保健問題の国際統計分類）などによる客観的な評価に変わってきたといわれていますが，実際のところ，いろいろな診療科で認知症のことがわかっておらず，正しい診断がなされていないのではないかといった危惧が聞かれます。また，認知症といわれている人のかなりの数が正常圧水頭症——その中でとくに原因がわからないものを特発性正常圧水頭症（iNPH: idiopathic Normal Pressure Hydrocephalus）といいます——なので，手術をすれば治る，という専門家も出てきています。

さて，認知症の中核症状として，記憶障害と認知機能障害（失語・失認・失行・実行機能障害）があります。神経細胞の脱落にともなう症状であり，病

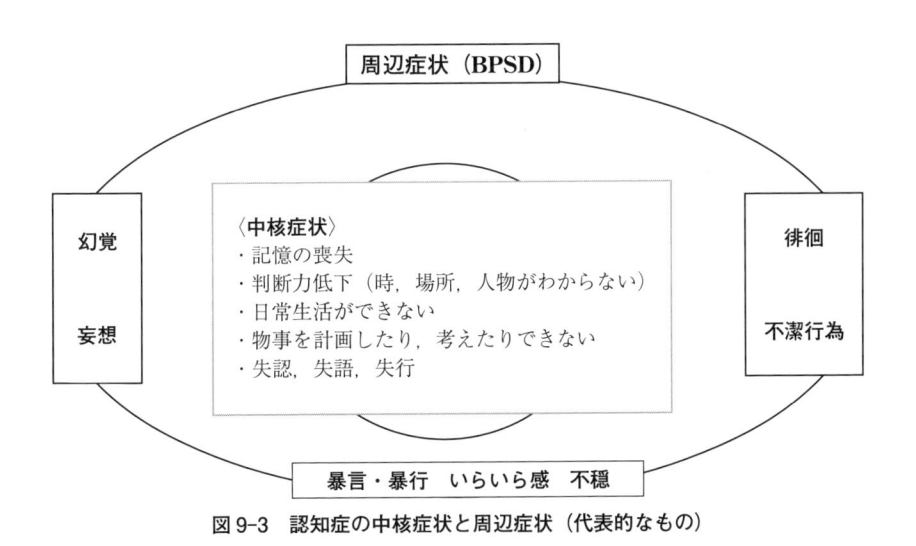

図 9-3 認知症の中核症状と周辺症状（代表的なもの）

〈中核症状〉
・記憶の喪失
・判断力低下（時，場所，人物がわからない）
・日常生活ができない
・物事を計画したり，考えたりできない
・失認，失語，失行

周辺症状（BPSD）

幻覚
妄想

徘徊
不潔行為

暴言・暴行　いらいら感　不穏

気の進行とともに状態は悪くなります。周辺症状として，幻覚・妄想，徘徊，異常な食行動，睡眠障害，抑うつ，不安・焦燥，暴言・暴力などがあり，7章でBPSDと紹介したとおりです。認知症の中核症状と周辺症状の概略を図9-3に示しておきます。周辺症状とは，神経細胞の脱落にともなった残存細胞の異常反応ですので，すべての認知症者にみられるわけではありません。病気（中核症状）の進行とともに必ずしもその状態が悪くなるわけではありませんが，介護スタッフや周囲の人を困らせることになります。以前にも述べたとおり，BPSDに対しては今でも対応可能なので，介護体制を検討し直す必要があります。

4. 老化（aging）と認知症

さて，この認知症の中核症状の理解に関しては，5章で述べた情報処理システムを思い出してください。念のために確認しておきますが，目が見えにくくなってきた，聞こえが悪くなってきた，という感覚受容器（感覚登録器）の衰えは，認知症の問題ではありません。老化（aging）です。正常な発達の衰退です。また，認知症の記憶障害と一般の加齢による物忘れは根本的に違います（情報ボックス9-1）。認知症は，ワーキングメモリーの作動がおぼつかなくなるところから現れます。ワーキングメモリー（作業記憶）という概念はバドレー（Baddeley, 1986）という認知心理学者が出しましたが，ワーキングメモリーとは「理解，学習，推論など認知的課題の遂行中に情報を一時的に保持し操作するためのシステム」です。ちょっとわかりにくい言い回しですね。要するに，ものごとを考えるときに使う記憶ということです。記憶というと，覚えておくべき内容を記憶の引き出しに入れておいて，必要に応じて取り出すような単純なイメージをもちがちですが，一方，わたしたち人間が考えるときは複数の内容を同時に心にどとめておかないと，それらの関係を判断することはできません。このタイプの記憶は考えている間，頭の中に存在すればよいので短期記憶の一種です。しかし，電話番号を覚えておくときのように単純ではありません。電卓についているメモリー機能は作業記憶に似ているのかもしれません。例えば，「520に155を足した数を13に14

を足した数で割る」ということを考えてみましょう（誰ですか，見ただけでギブアップしている人は）。式で書くと，

$$(520+155) \div (13+14)$$

ですね。簡単でしょう？　でも，ここに段階があるのがわかるでしょう。520と155を足した数をどこかに記入し，13と14を足した数をどこかに記入し，そして，その二つの数で割り算を行う必要があります。つまり，電卓を使った場合，13＋14＝27としてメモリープラス（M＋）ボタンを押し，520＋155＝675とし÷を押し，さらにメモリーリード（MR，機種によってはRM，R・CM）ボタンを押すと，675÷27を実行できます。この計算では13と14という二つの数字がまず短期記憶にあり，この二つの数値を操作した結果，27が導き出されます。27が得られれば，13と14は不要になりますが，27はこの計算が終わるまで覚えておく必要があります。次に，520と155という二つの数字を短期記憶にとどめておき，それを操作して675という値を導きま

＜情報ボックス 9-1＞

加齢によるもの忘れと認知症の記憶障害

　人間誰しも年齢を重ねるともの忘れが多くなる。このもの忘れはいわば良性の健忘である。それに対して，認知症の記憶障害は，知能の障害をともない，日常生活に混乱をきたし，進行する。違いの目安として次のような表現がされているが，ひょっとしたらと思ったときは医療機関に相談することをお勧めする。

加齢によるもの忘れと認知症の記憶障害との違い
（全国キャラバン・メイト連絡協議会，2005）

［加齢によるもの忘れ］	［認知症の記憶障害］
・経験したことが部分的に思い出せない	・経験したこと全体を忘れている
・目の前の人の名前が思い出せない	・目の前の人が誰なのかわからない
・物の置き場所を思い出せないことがある	・置き忘れ・紛失が頻繁になる
・何を食べたか思い出せない	・食べたこと自体を忘れている
・約束をうっかり忘れる	・約束したこと自体を忘れている
・物覚えが悪くなったように感じる	・数分前の記憶が残らない
・曜日や日付けを間違えることがある	・月や季節を間違えることがある

す。675が得られれば520と155は不要です。次のステップは675と27を操作することです。25という数字が得られれば，675と27の記憶は不要になります。このようなことを，人間は自然におこなっているのです。学習の効果です。このとき，人間は前頭連合野（主に46野）を使っていると脳科学者はいっています。そのようなワーキングメモリーが作動しなくなると短期貯蔵庫から長期貯蔵庫へ情報が移行（保存と呼んでもかまいません）しなくなります。したがって，先ほど食べた食事のことを忘れてしまい，「食事はまだかね？」と催促し始めます。周囲の人が「さっき食べたばかりでしょう」といっても，さっき食べたという情報が本人に入っていないので，それは理解不能な話で，「食事はまだかね？」と繰り返すことになります。

　ここで，敏感な方は，不思議に思うのではないでしょうか。みなさんの感覚では，記憶は「昔のことは忘れ，新しいことは覚えている」というのが一般的でしょう！　それなのに，認知症高齢者は，先ほどのことは忘れるのに，昔の戦争中のことなどは，今そこにいるように微(び)に入り細(さい)にわたって話してくれることがあります。

　5章の情報処理システムの話題をもう一度，思い出していただいて，長期貯蔵庫には下の方に古い情報があり，上の方に比較的新しい情報が層状態で蓄積されていると考えてみてください（図9-4）。さらに，それぞれの情報はネットワークをもっています（神経細胞がつながっている写真を見たことがあるでしょう）ので，健康な長期貯蔵庫では，ある情報が活性化されるとノ

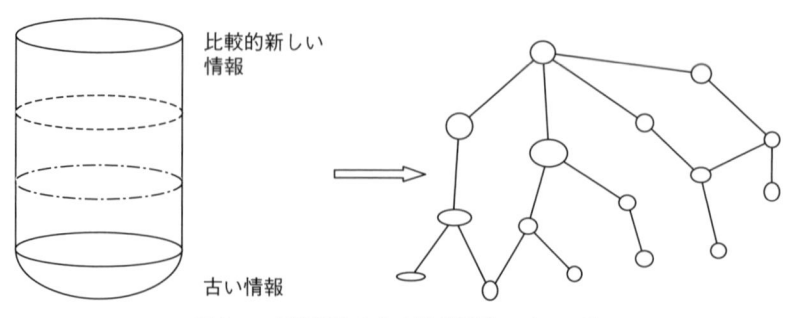

図9-4　長期貯蔵の中の情報蓄積のイメージ

ード (node) と呼ばれる集合点を経由して別の情報が思い出されるというつながりをもっています。

　認知症の場合，長期貯蔵庫の上の方の比較的新しい情報の層からはがれていきます。比較的上の方のいくつかの層がまだらにはがれると，かつて「まだらぼけ」などといわれた症状が現れます。まだら状態になってくると，ある情報が他の情報へつながったり，切れたりし始めます。先ほどはつながっていても，その後ではつながらない，といった点滅状態が起こります。すると，そのときどきによって，いうことが違ったり，判断にズレが起こったりし始めます。

　古い情報は，小さいころの情報であったり，2章で述べたマズローの要求階層の下の層のものにかかわりますので，小さい子どものようになったり，食事のことしかいわなくなったりするかもしれません。しかし，そこにも生きている人間のパーソナリティがあります。周囲の人は，かかわるということを忘れないようにしましょう。

　もう少し，かかわり方を詳しくみてみましょう。認知症者が，箸を見て，「これは何ですか？」といいだしても，「これは箸でしょう。こんなこともわからないの！」と決してしからないでください。困っているのは認知症者自身なので，それを責めてもストレス（本人にも，介護者にも）になるだけです。そこで気にしていただきたいのが，記憶における知識の**宣言型表現**と**手続き型表現**です（詳しくは，岡林，1995参照）。宣言型知識と手続き型知識といいかえてもよいですが，「箸とは，中国や日本などで，食事の際に物を挟み取るのに用いる細長く小さい2本の棒であり，木・竹・金属・象牙などで作られたもの」というのは宣言型知識（いわゆる定義）です。それに対して，「箸は，2本の棒のうち1本を親指と人差し指の間に挟み，もう1本を中指で固定し，2本の棒で挟み，口にものをもっていく」（いわゆる使い方）という手段・手続きが手続き型知識です。知識は記憶されているからこそ使えるわけで，認知症者はその記憶が失われてきているので苦労しているのです。そこで，どのように介護者は対応するか，リハビリをどうするかですが，「これは何ですか？」と尋ねられ，「これは箸です」で終わらせないでください。「これは箸というもので，食べるときに使い，使い方は〜」というように，実際の動作

を入れながら，具体的に説明してください。つまり，宣言型表現と手続き型表現をともに示してください。さらに，認知症者の複数の感覚を同時に使用してください。口で説明するだけではなく，動作で示すことが必要です。聴覚だけではなく視覚に訴えることが必要なのです。そのような働きかけを繰り返すことによって，改善するケースもありますし，少なくても症状の進行を遅らせることはできます。

わたしたちはこれまで，認知症についてあまりわかっておらず，対応が後手に回り，介護の方法にも間違いがありました。しかし，今認知症への対策研究は日進月歩で，アルツハイマー型認知症の原因物質はアミロイドたんぱ

<情報ボックス 9-2：用語確認>

アルツハイマー型認知症

　認知症の中でももっとも多くみられ，脳内にたんぱく質がたまり，脳全体が徐々に委縮していくのが特徴。初期症状として，もの忘れが出現することが多い。同じことを繰り返しいったり，聞いたりする。症状が進むと，薬の管理が自分でできなくなったり，きちんとした服装ができなくなり，家のトイレの場所，トイレの使い方や，家族がわからなくなったりするので，周囲との連携がぜひとも必要。

脳血管性認知症

　脳梗塞や脳出血などの脳血管の障害により起こる認知症の総称。脳の一部に障害が生じるので，記憶がまだら状態になることもある。服の着替えなど日常生活で必要なことができなくなることが目立つ。高血圧や糖尿病，高脂血症，喫煙，過度の飲食など，脳梗塞や脳出血につながる要因を日ごろから予防しておくことが重要。

レビー小体型認知症

　脳の神経細胞にレビー小体という物質がたまることが原因。もの忘れの症状もあるが，幻視（実際にないものが見える）が起こってくることが多い。気分や態度の変動が大きく，一日の中でも興奮状態と無気力状態を繰り返すこともある。

くではないか，もしそうであれば，薬での対応が可能なのではないか，などといわれています。これまで対症療法しかなかった認知症の世界に，そのような原因物質への対応薬ができると非常にありがたいのですが，認知症はその特徴から，薬だけで完治できるほど甘くはありません。統合失調症やうつ病がそうであったように，認知症も人とのかかわりがキーポイントになるからです。介護や看護，地域での生活，といったいろいろな様態で認知症患者にかかわる人は，認知症の特徴をつかみ，同じ人間としてどのようにかかわることができるのか，今後ともしっかり考えていく必要があるでしょう。

10 章

試験問題

　この章では，具体的にこれまでに出題された試験問題，ならびに予想される試験問題を考えてみましょう。試験の種類によって分けてありますが，共通部分がありますので，全体を見渡して自己チェックをし，これまで学んできた知識の構造化を図っておいてください。

1．看護師国家試験

第98回看護師国家試験からいくつかの問題をみてみましょう。
① 平成18年におけるわが国の合計特殊出生率にもっとも近いのはどれか。
　　1．0.9
　　2．1.3
　　3．1.7
　　4．2.1
② 「障害の程度や特質にかかわらず，同年齢の市民と同等の基本的権利を有すること」を示すものであり「障害者や高齢者を特別視せず，可能な限り通常の市民生活を送ることができるようにする」という考え方はどれか。
　　1．アドボカシー
　　2．パターナリズム
　　3．ヘルスプロモーション
　　4．ノーマライゼーション

③ QOL（クオリティ・オブ・ライフ）を評価する上でもっとも重要なのはどれか。
　1．家族の意向
　2．本人の満足感
　3．生存期間の延長
　4．在院日数の短縮

　これらの問題は社会での関心事なので，日ごろから新聞などで，気にしておく必要があります。①の**合計特殊出生率**とは人口統計上の指標で，1人の女性が一生に産む子どもの数を示します。この指標によって，異なる時代，異なる集団間の出生による人口の自然増減を比較・評価することができます。問題に出てきた平成18年は西暦で2006年ですから，日本の合計特殊出生率は1.3がもっとも近い数値です。正解は2です。先進国の多くは人口再生産に必要といわれる2.08を下回っています。ちなみに，日本は，2007年の合計特殊出生率が若干上昇し，1.33〜1.34程度となったことがわかりました。微減だった出生数に対し，出産期に当たる女性の人口の減り方が大きく，1人あたりの数値を押し上げています。出生数が増加した2006年とは異なる比率上昇で，改善傾向の定着とはいえない面もあります。官民一体の少子化対策は引き続き課題でしょう。細かくいうと，合計特殊出生率は出産期と位置づけられる15歳から49歳までの女性の年齢別出生率を足したもので，出生率は出生数を女性の人数で割って算出します。2005年まで5年連続で低下して過去最低の1.26となっていましたが，2006年は1.32に回復していました。

　②の問題は，障害（「がい」と平仮名で書く場合もあります）者の話題で，**ノーマライゼーション**を示しています。正解は4です。ノーマライゼーションとは，障害者や高齢者など社会的に不利を受けやすい人々が，社会の中で他の人々と同じように生活し，活動することが本来あるべき姿であるという考え方，といえるでしょう。**アドボカシー**（advocacy）というのは「擁護」や「支持」のことで，日本では近年，「政策提言」や「権利擁護」の意味で用いられています。また，アドボカシーを，「社会問題に対処するために政府や自治体及びそれに準ずる機関に影響をもたらし，公共政策の形成及び変容を

促すことを目的とした活動である」ととらえる人もいます。**パターナリズム**（paternalism）というのは，強い立場にある者が弱い立場にある者の利益になるようにと，本人の意志に反して行動に介入・干渉することをいいます。日本語では「父権主義」「温情主義」などと訳されます。**ヘルスプロモーション**とは，WHO（世界保健機関）が1986年のオタワ憲章において提唱した新しい健康観に基づく21世紀の健康戦略で，「人々が自らの健康をコントロールし，改善することができるようにするプロセス」と定義されています。

　③は，クオリティ・オブ・ライフ（QOL）に関する問題ですが，QOLは「生活の質」とか訳さず，そのままカタカナで使われることが多いですね。最近まで，老人施設における高齢者の福祉サービスはADL（Activities of Daily Living）の維持，向上に主眼がおかれてきました。しかし，介護保険制度の改正にともない，予防介護という考えによって，単に身体的機能の維持のために福祉や介護施設があるのではなく，その生活をよりよくするために存在するのだ，という考えが中心になってきました。そこで，ADLからQOLへといわれ始めたのです。生活の質それ自体が向上するようにサービスが提供される必要があるということです。正解は，2の「本人の満足感」です。

④　老年期の加齢にともなう記憶の変化で正しいのはどれか。
　　1．長期記憶から低下する
　　2．行動上の障害をともなうことが多い
　　2．もの忘れがあることを自覚していない
　　4．体験そのものではなく体験の一部を忘れる

⑤　老年期の加齢にともなう睡眠の変化で正しいのはどれか。
　　1．就寝時刻が遅くなる
　　2．中途覚醒の回数は減る
　　3．早朝覚醒をきたしやすい
　　4．就寝から入眠までの時間が短くなる

⑥　エリクソンによる幼児前期の発達課題はどれか。
　　1．基本的信頼
　　2．自律性

3．勤勉性
4．親密性

　これらの問題は，一般的な発達にかかわる話題です。一般的な老年期の話題と認知症高齢者の話題を混乱しないようにしてください。④は，正常な加齢の話題であることに注意。「情報処理の心理」の項で述べたように，長期記憶から低下することはありません。行動上の障害をともなうのは，認知症にともなう徘徊や妄想・攻撃的行動・不潔行為・異食などの行動・心理症状のことで **BPSD**（Behavioral and Psychological Symptoms of Dementia）と呼ばれます。また，もの忘れがあることを自覚していないのは，認知症を疑うことになります。正解は，4の「体験そのものではなく体験の一部を忘れる」ですが，体験そのものを忘れるようになれば認知症を疑う必要が出てきますので，気をつけてください。

　⑤の正解は，3の「早朝覚醒をきたしやすい」です。加齢にともない，一般の高齢者は，朝早く起きる傾向が出てきます。他の選択肢は個人差の問題なので，高齢者の一般的傾向とはいえません。

　⑥は，エリクソンの発達8段階（亡くなってから9段階の原稿が見つかりましたが）の発達課題の問題です。重要なので表10-1に再掲しておきます（異なる訳語が使われることがありますので図3-1（p.28）と比較してください）。エリクソンによる幼児前期の発達課題が問われていますので，段階2の「2.自律性」が正解です。エリクソンの発達課題は，段階1：乳児期の「基本的

表10-1　エリクソンの発達段階と発達課題（Erikson, 1968）

	発達段階	発達課題
段階1：	乳児期	基本的信頼 vs. 不信
段階2：	幼児前期	自律性 vs. 恥・疑惑
段階3：	幼児後期	積極性 vs. 罪悪感
段階4：	児童期	勤勉性 vs. 劣等感
段階5：	青年期	同一性 vs. 同一性拡散
段階6：	前成人期	親密さ vs. 孤立
段階7：	成人期	生殖性 vs. 自己没頭
段階8：	成熟期	自我統合感 vs. 嫌悪・絶望

信頼」と段階 5：青年期の「同一性」があまりにも有名です．他の段階の問題に出合っても，混乱しないようにしてください．

⑦ 経験 5 年目の看護師．以前は仕事熱心で献身的にケアをしていた．仕事に忙殺される日々が続くにつれ，心身ともに疲れ果て，患者の訴えが煩わしくなり，やってもやっても報われない気持ちから仕事に行くのが嫌になっている．看護師の現在の状態はどれか．
　1．リアリティショック
　2．燃え尽き症候群
　3．空の巣症候群
　4．悲嘆反応

⑧ 患者の父親は，飲酒と暴力とで家族に苦労をかけ亡くなった．その父親に面影が似ている担当看護師に対して不自然なほど拒否的で攻撃的になっている．患者にみられるのはどれか．
　1．投影
　2．逆転移
　3．同一化
　4．陰性転移

⑨ 19 歳の男性．大学生．両親と兄の 4 人家族．1 ヶ月前から自室で独語をしながら片脚跳びをしている．母親に注意されると「『これをやめたら人生ゲームに乗り遅れる．やめたらおまえの負けだ』という声が聞こえてくる」と言い，夜間も頻繁に行っていた．母親が早く寝るように言うと，殴りかかろうとしたこともあった．次第に，食事や睡眠がとれなくなり，父親と兄にともなわれ精神科病院を受診した．父親と精神保健指定医に説得され入院の勧めに応じた．
　患者は看護師に「声が聞こえてくると，どうしても片脚跳びをやってしまう」と訴えている．対応で適切なのはどれか．**2 つ選べ**．
　1．「声が聞こえるのですね．つらいですね」
　2．「誰が何と言っていますか．詳しく教えてください」
　3．「体が心配です．できるだけ休んでください」

4．「片脚跳びをやめても何事も起きないから大丈夫ですよ」
　5．「声が言っていることは間違っていますよ」

　⑦は，忙しすぎる看護師の焦燥感を問題にしたものです。まず，リアリティショックとは，「現実が理想とかけ離れていることに衝撃を受けること」（『看護学大辞典』第4版，メヂカルフレンド社）。看護業界の流行語かも知れません。**空の巣症候群**（からのすしょうこうぐん：**empty-nest syndrome**）は，40代から50代の女性によくみられる抑うつ症状で，子育てが終わり，子どもが家を巣立っていったあたりから出てくることが多いので，こう呼ばれます。家族や親しい友人，愛する人が亡くなることは大変つらい体験ですが，とくに，犯罪のように突然，予期しない形で親しい人が亡くなると，悲しみが長く続いたり，自責感や罪責感などを抱いたりする複雑で多様な**悲嘆反応**が現れます。この⑦の問題の表現には，2の**燃え尽き症候群**がもっとも適当ですが，どれも現象を示す表現で病名（診断名）ではありません。その現象が出現してくる核（コア）の「うつ」対策が必要になります。

　⑧の文章は，患者の問題の対象になる人（父親）への感情を治療担当者に向けているので，転移現象です。それもネガティブな転移ですので，**陰性転移**が正解です。ちなみに，**投影**（**projection**）とは，精神分析の用語で防衛機制の一つです。自分の感情・性質を無意識のうちに他人に移し変える心の働きです。また，**逆転移**（**counter-transference**）とは，精神療法中に，治療者が患者に対して抱く不合理な感情，衝動，態度を意味しています。この問題で話題になっている患者が治療者に抱く同様な反応を意味する**転移**（**陰性転移**）に対比される概念です。同一化（identification）は自分にとって重要な人の属性を自分の中に取り入れるという防衛機制です。細かくいえば，対象との境界をなくしてあいまいになる認識のあり方（同一視）と，相手の属性（特性）を取り入れて自分の一部にする過程（同一化）とがあるといわれています。いずれにしても，ここで選択肢に挙がっているのは精神分析の用語です。防衛機制に関する用語は，精神分析の研究者によっても使う用語は違っています。防衛機制に関してはあまり細かな問題は出てきませんが，大まかなポイントはとらえておいてください。

⑨は，統合失調症（昔は，精神分裂病といわれていました）の幻聴や妄想への対応問題です。幻聴や妄想は本人にとっては「絶対」的なもので，その場では少なくとも正しいのです。そのような幻聴，妄想をいきなり否定しても本人が納得するわけがなく，他者とのかかわりを切るきっかけになりますので，絶対に4や5の対応をしてはいけません。また，幻聴や妄想を聞き出そうという行為は，逆に，幻聴，妄想を助長しますのでやめておいてください。正解は1と3ですが，ロジャーズの非指示療法のカウンセリングのあり方は参考になります。患者の今の状態に共感してください。決して，幻聴や妄想といった病状を促進させることをしてはいけません。薬物療法と心理療法の併用が必要なケースです。

2．介護福祉士国家試験

　介護関係の資格試験は，介護福祉士国家試験と社会福祉士国家試験を中心に，精神保健福祉士国家試験など，いろいろな資格試験があります。介護関係の資格試験は，介護関係の資格である介護支援専門員（ケアマネージャー），精神保健福祉士，介護福祉士，社会福祉士と連動していますので，自分の興味・関心のある職種を見極めておく必要があります。ただ，この介護関係の資格者養成システムは，政治的にも非常に流動的なところが多く，日本社会における介護システムへの対応がいかに後手に回ってきたのかを象徴する状態です。介護福祉士国家試験では，2013（平成25）年1月に実施される試験から新出題基準が採用され，これまでの13科目の壁が取り払われ，「人間と社会」「介護」「こころとからだのしくみ」の3領域に分けられます（科目としては11科目です）。これからも，いろいろなシステム上の変更が出てくると思われます。受験においては，正確な変更情報を手に入れることが必要でしょう。なお，介護関係には，介護ヘルパー（等級がある：一般にはホームヘルパーと呼ばれています）などもありますので，目的に合わせて検討してみてください。

　第21回介護福祉士国家試験実技問題をみてみましょう。

田村としさん（79歳）は右上下肢に麻痺があります。つかまれば立位はとれますが，歩行はできません。衣服の着脱や車いすへの移乗には一部介助が必要です。車いすの移動は全介助です。昼食時に食べこぼして上衣が汚れました。自室に戻って着替えることを望んでいます。食堂のいすに座っている田村さんを自室まで車いすで移動介助し，上衣を着替えるまでの介助をしてください。なお，車いすの点検はすんでいます。田村さんは「はい」または「うなずく」のみです。（試験時間は5分間以内です。）

＊

　ここでのポイントは，まず，自分は怪しいものではなく，○○というあなたの介助をしにきた人物であることを説明し，要介助者の体調確認，これから行う介助の具体的内容の説明です。いくら要介助者が，「うなずく」しか反応せず，わかっていないように思えても，何も予告せずに行うと，何をされるんだろうという恐怖が先立つことになります。介助者は，とにかく服を着かえさせればよい，という最終目標だけを考えるのではなく，要介助者の立場に立って，今どのような情報が必要なのか，どのようなプロセスでもって最終目標に到達できるのかを見通すことが必要になります。当然ながら，食べこぼしを叱責したりしてはいけません。食べこぼしを恥じているのはご本人だからです。

　そこで，一連の流れは次のようになります。

　　「田村さん，本日お手伝いさせていただきます○○です。」（呼びかけを行う。自分の名前を伝える）
　　「これから，車椅子に移り，お隣の部屋で，着替えをお手伝いさせていただきます。」（これから行うことを説明）
　　「よろしいですか？」（承諾の確認）
　　「ご気分は，よろしいですか？」（体調確認）
　　「車椅子を準備しますので，少しお待ちください。姿勢は苦しかったりしませんか？」（言葉かけ）
　　左足がしっかり床についているかを確認。
　　車椅子を準備。車椅子を広げて移動させ，田村さんの左足の側30°の

角度でおき，しっかりブレーキをかけておく。

椅子に浅く座ってもらい，足を肩幅に広げ，麻痺のない方の足を少し引き，麻痺のない方の手を麻痺のない方の膝についてもらい，立ち上がる。介助者は，麻痺のある側に立ち，左足を田村さんの右足の後ろに入れ，左手を田村さんの麻痺のある側の膝に添え，右手で腰を支えるようにして立ってもらう。ここで，机に手をついてもらってもよいでしょう。

机に手をついてもらい，立位を安定させる。

「大丈夫ですか？気分は悪くないですか？」（声かけ）

立位が安定したかを確認。

「左手で車椅子のひじかけをつかめますか？」（残存機能を意識。ただし，歩けないことに留意）

左手で車椅子のひじかけをつかんでもらう。

左足を中心に体を回し，車椅子に腰をかけてもらう。

フットレストに左足を載せてもらい，右足は介助で載せる。

車椅子のブレーキは左側を解除してもらい，右は介助者が解除。

車椅子で移動。服の巻き込み注意。体調確認。座り心地確認。

「これからお部屋まで移動します」（声かけ）

着替えの置いてあるところまで移動。

「これから着替えをお手伝いしますね。よろしいですか？」

（承諾，確認）

「どちらの服がよろしいですか？」（声かけ）

指を差した方を選ぶ。

着衣は左側から脱いでもらう。右側は介助する。脱いだ服は籠(かご)に入れておく。

左側の指がひっかからないように気をつけながら脱いでもらう。

3．社会福祉士国家試験，精神保健福祉士国家試験

　社会福祉士国家試験，ならびに精神保健福祉士国家試験においても，最新

の法令には気を配っておいてください。

① 「高齢者虐待の防止，高齢者の養護者に対する支援等に関する法律（高齢者虐待防止法）」が成立したのはいつ？
② 一度に7±2項目ほどの情報を蓄える容量があり，記銘や想起が繰り返されて長期記憶に移行・保存されない限り，数秒しか保持されない記憶は何記憶？
③ エリクソンの発達課題で，成人後期の発達課題は何？
④ リビドーという性的エネルギーによって，自我の発達を5つの段階にまとめた発達段階を提唱したのは誰？
⑤ 特定の能力に障害が認められるのではなく，対人相互作用，言語，情緒行動といった領域に発達上の障害が認められるものは何？
⑥ 記憶の過程を順序正しく並べよ　[　記銘，　想起，　保持　]
⑦ 加齢による影響があまり見られないのはどれ？　[　結晶性知能，　流動性知能，　動作性知能　]
⑧ 相手と接するとき，相手の言動によって影響されている自分の心理状態に気づき，自分の感情をコントロールして，受容と共感の態度で接することができるようになり，それが基盤となって相手との間に信頼関係が形成される。これは何を説明している？
⑨ 老人の日常生活における言動，態度，作業能力などをもとに，知的機能の段階を判断しようとするもので，本人に直接面接したり，テストしたりできない場合でも判定が可能なのは何？
⑩ 見当識障害のある高齢者に対して，基本的情報を繰り返して伝えることによって，現実認識を取り戻し，不安や戸惑いを軽減することを目的とするのは何？
⑪ 認知症高齢者・うつ病患者にも適用される，これまでの人生経験を話すことで記憶や思い出を呼び起こし，コミュニケーションを深める方法は何？

上記の問題の解答と解説です。

① 2005 年 11 月
② 短期記憶（ミラーの研究による）
③ 生殖性の獲得
④ S. フロイト

　フロイトのリビドーによる性的発達理論は次のように 5 段階として考えられています。

　<u>口唇期</u>（oral phase：〜18 カ月）——母親から乳を与えられ，吸うという行為を通して環境との交流が図られており，この段階での固着は依存的で受動的といったパーソナリティの形成と深い関係をもつ。

　<u>肛門期</u>（anal phase：1〜3 歳ころ）——環境への主張的で能動的姿勢が芽生える。几帳面，頑固，倹約といったパーソナリティの形成にかかわっている。この時期に重要なことは，トイレット・トレーニングである。

　<u>エディプス期（男根期）</u>（oedipal phase：5〜6 歳ころ）——異性への関心が芽生え，男児は母親に，女児は父親に性的関心をもち，同時に同性の親を憎むようになる。このような愛憎の気持ちは，男児においては父親による去勢という不安を喚起し，性への関心が強く抑圧され，次の段階である潜伏期へと進む。また，この時期は両親への性同一視を通して性役割を獲得する時期でもある。

　<u>潜伏期</u>（latency period：6 歳〜思春期に入るまで）——性欲動はエディプス葛藤をめぐって強く抑圧され，社会的規範の学習や知的活動にエネルギーが注がれ，思春期以降に再び出現するまでの間潜伏している。

　<u>性器期</u>（genital stage：思春期以降）——口唇期，肛門期，エディプス期の部分的欲動が統合される（性器性欲の優位：genital primacy）。心理的には，対象のすべてを認めた性愛の完成期である。

　精神分析の用語は特殊なので，若干，説明を加えておきます。

　エディプス・コンプレックス（Oedipus complex；女児の場合は，エレクトラ・コンプレックス Electra complex；エディプスならびにエレクトラという名はギリシャ神話からとっています）：5〜6 歳ころになると男児は男女の違いに気づき，母親に関心を向け始めます。しかし，この母親への愛は父親の怒りを喚起し，恐怖を強く感じるようになります（去勢不安）。そ

の結果，男児は父親の怒りを沈めるとともに母親の愛をも勝ちうる方策として，母親の愛する父親のようになろうと努めるようになり（性の同一視から性役割の獲得へ），性欲動を強く抑圧して非欲動的な知識の獲得という心的活動にエネルギーを使うようになります（潜伏期への移行）。この概念は，性同一性という点のみならず，口唇期や肛門期における母—子二者関係が父—母—子という三者関係に移るという意味で，また，性欲動が無意識に抑圧されて性的色彩のない生活に入るという意味で重要です。

去勢不安（castration anxiety）：子どもが性の違いを認識したときに生じる不安のこと。男児が女児にペニスがないと知ったとき，母親と性的関係をもちたいという近親相姦的欲望に対して罰せられると信じ，両親からの去勢の恐れを体験するというものです。女児の場合には，父親との性的な関係への欲望のためにすでに罰せられたものとして体験します。去勢不安はエディプス・コンプレックスの解消と超自我の形成によって抑圧されます。

ペニス羨望（penis envy）：女児が男児のようにペニスをもっていないことで，自己の性器に不満をもち，ペニスに対して怒りや羨望を無意識に抱くこと（対立概念：去勢不安）。心理的にはペニスがないということは劣等感を引き起こし，力への強い願望や競争心をもたらすと考えられています。今日では，女性性の獲得に果たす役割としては重視されていません。

小児性欲（infantile sexuality）：小児にも性欲があるという考え。性欲動を狭く生殖をめぐっての生理学的要因としてではなく，授乳から始まって母子間の養育をめぐる対象関係，さらには家庭内での，あるいは恋愛関係を含めた対人関係まで心理的要因として理解しようとした点に特徴があります。

固着（fixation）：各発達段階における欲求が満たされなかった場合に，大人になってからその段階に戻ってしまうこと。

精神分析の発想は，トラウマなども含めて事象を解釈しやすく，小説やドラマなどいろいろなところで使われており，みなさんも馴染の用語はたくさんあると思います。しかしながら，現実の臨床現場や介護現場で使うとなるとかなり難しいことになります。

⑤ 広汎性発達障害
⑥ 記銘→保持→想起
⑦ 結晶性知能
⑧ ラポール
⑨ 柄澤式「老人知能の臨床的判断基準」

　認知症（痴呆）に関するスクリーニングテストとしてわが国でもっとも古いのは長谷川式簡易知能評価スケールでしょう。現在，その改訂版（HDS-R）が出ており，老人の大まかな知能障害の有無と障害の程度をおおよそ把握できる特徴をもっています。検査に当たって，本人の生年月日さえ確認できていれば，家族や周囲の人からあらかじめ情報を得ることなしに評価できます。ここで問題になっている，柄澤式「老人知能の臨床的判定基準」は，日常生活能力，日常会話，具体的例示から該当するものを選び，能力低下は重い方を重視します。この他にも，N式老年者用日常生活動作能力評価尺度（N-ADL），ならびにN式老年者用精神状態尺度（Mスケール），MMSE（Mini-Mental State Examination：認知機能や精神障害を測定するのに広く使用されている質問紙法による評価尺度による簡易知能検査）などがあります。

⑩ リアリティ・オリエンテーション
⑪ 回想法

4．心理学大学院入学試験，公務員試験

　心理学の大学院入学試験問題は，多くの場合，ⅰ）用語・人名の確認（簡潔に述べる）とⅱ）理論や現象の説明（実験などをふまえて論述する）という2部構成になっています。ⅰ）は，心理学を学ぶに当たっての共通認識のレベルで出題されます。ⅱ）は，その大学院を構成するメンバーの専門領域に特化してきますので，自分が受験したい大学院の構成メンバーの専門を調べておくことが必要です。また，公務員試験の場合，上記ⅰ）の用語・人名の問題に選択肢がついて出題されると考えてよいでしょう。選択肢がつくと解答が楽になると思う人がいるかもしれませんが，選択肢はひっかけ問題がつく

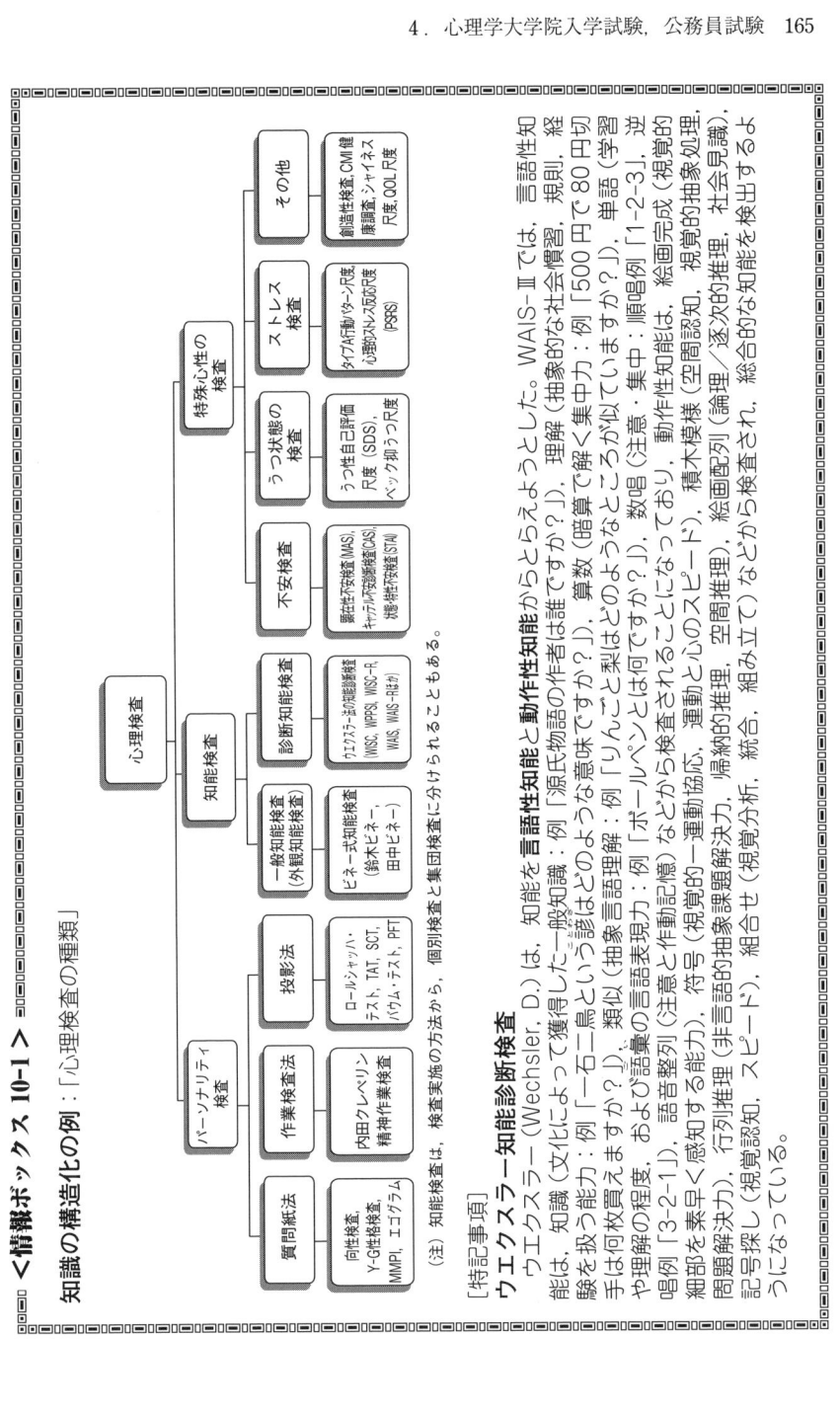

＜情報ボックス 10-1＞

知識の構造化の例：「心理検査の種類」

```
                          心理検査
            ┌───────────────┼───────────────┐
       パーソナリティ      知能検査        特殊心性の
          検査                              検査
    ┌──┬──┬──┐    ┌──┬──┐    ┌──┬──┬──┬──┐
  質問 作業 投影  一般知能検査  診断知能検査  不安 うつ状態 ストレス その他
  紙法 検査 法   (外観知能検査) ウエクスラー式知能診断  検査 の検査  検査
                              (WISC, WPPSI, WISC-R,
                               WAIS, WAIS-R ほか)
```

- 質問紙法：向性検査、Y-G性格検査、MMPI、エゴグラム
- 作業検査法：内田クレペリン精神作業検査
- 投影法：ロールシャッハ・テスト、TAT、SCT、バウム・テスト、PFT
- 一般知能検査：ビネー式知能検査、(鈴木ビネー、田中ビネー)
- 不安検査：顕在不安検査(MAS)、キャッテル不安検査表(CAS)、状態性不安検査(STAI)
- うつ状態の検査：うつ性自己評価尺度(SDS)、ベックうつ病尺度
- ストレス検査：タイプA行動パターン尺度、心理的ストレス反応尺度(PSRS)
- その他：健康調査票CMI健康調査票、ジャイネス尺度、QOL尺度

(注) 知能検査は、検査実施の方法から、個別検査と集団検査に分けられることもある。

[特記事項]

ウエクスラー知能診断検査

ウエクスラー (Wechsler, D.) は、知能を言語性知能と動作性知能からとらえようとした。WAIS-Ⅲでは、言語性知能は、知識 (文化によって獲得した一般的知識：例「一石二鳥」という諺はどのような意味ですか？)、類似 (抽象言語理解：例「ボールペンとは何ですか？」)、および語彙、語音整列 (注意と作動記憶)、などから検査されることになっており、動作性知能は、絵画完成 (視覚的細部を素早く感知する能力)、符号 (視覚的一運動協応、運動と心のスピード)、積木模様 (空間認知、視覚的抽象処理、問題理解力)、行列推理 (非言語的抽象課題解決力、帰納的推理、空間推理)、絵画配列 (論理／逐次的推理、社会見識、記号探し (視覚認知、スピード)、組合せ (視覚分析、統合、組み立て) などから検査され、総合的な知能を検出するようになっている。源氏物語の作者は誰ですか？)、理解 (抽象的な社会慣習、規則、経験を扱う能力：例「暗算で解く能力：例「500円で80円切手は何枚買えますか？」)、類似 (抽象言語理解：例「りんごと梨はどのようなところが似ていますか？」)、数唱 (注意・集中：順唱例「1-2-3」、逆唱例「3-2-1」)、語音整列 (注意と作動記憶) などから検査されることになっており、

りやすくなりますので，正確な知識を頭に入れておくことが必要です。さらに，心理学というと心理統計の問題がよく出題されます。本書の6章でもふれましたが，心理学はデータを取り扱いますので，データの代表値（最頻値，中央値，平均値）と散布度（標準偏差，分散，範囲），ならびに，帰無仮説，αエラー，βエラー，因子分析，分散分析などの概念は，心理学辞典などでつかんでおく必要があるでしょう。

　ここでは，上記 i) の観点から，用語・人名を問題にしておきますので，本書を見直しながら考えてください。

① 発達の成熟優位説とはどのようなもの？　誰が提唱した？
② 発達の環境優位説とはどのようなもの？　誰が提唱した？
③ 発達の最近接領域説とはどのようなもの？　誰が出してきた？
④ 認知の発達を均衡化の観点から論じたのは誰？　その発達の段階は何段階？
⑤ 来談者中心療法の特徴を簡潔に説明しなさい。この療法を出してきたのは誰？
⑥ 論理療法の特徴を簡潔に説明しなさい。この療法を出してきたのは誰？
⑦ 認知療法の特徴を簡潔に説明しなさい。この療法を出してきたのは誰？
⑧ ラポールとは何か？
⑨ 受容・共感的理解とは？
⑩ 短期貯蔵庫の記憶容量限界はどのくらいだと考えられているか。それを提出したのは誰？

　上記の問題に関する話題は，本書でみてきましたので，あえてここで解答を記述する必要はないと思いますが，知識は構造化する必要があります。単発的な知識は，ある事態でのみ通用しますが，応用が利きません。構造化するということは，具体的には，図式化するとよいでしょう（情報ボックス10-1を参考にしてください）。

5. ランダム問題

臨床現場や介護現場では，いろいろな事態に遭遇することになります。したがって，目の前の患者，要介護者，クライアントとしっかり向き合うことが重要になってきますが，その背景にしっかりした知識をもっておくことが必要です。分野が違うので我関せずではなく，オーバーラップした知識はもっておきましょう。以下には，いろいろな分野の話題をランダムに提示してあります。それぞれの項目が正しいか間違っているか，考えながらチェックしてみてください。

[社会福祉概論]
☐アダムス（Addams, J.）は，アメリカのソーシャルワークの先駆者。シカゴに「ハル・ハウス」を設立。近代社会福祉の母と呼ばれる。
☐コノプカ（Konopka, G.）は，ドイツ出身のアメリカのグループワーク研究者でグループワークの14原則を提唱。小集団がもつ治療的機能に着目し，収容施設入所者，非行少年，情緒障害児に対する治療教育的グループワークを開拓。
☐社会福祉法では，障害者自立支援法に規定する障害者支援施設を経営する事業，身体障害者更生援護施設を経営する事業，知的障害者援護施設を経営する事業は第1種社会福祉事業に規定されている。

[老人福祉論]
☐判断能力が不十分な高齢者，知的障害者，精神障害者の契約行為や財産管理を援助する成年後見制度が，平成12年度から施行されている。
☐日常生活自立支援事業（地域福祉権利擁護事業）とは，判断能力の不十分な認知症高齢者らと契約し，日常的な金銭管理や福祉サービス利用の手続代行などを行うものである。
☐日常生活自立支援事業（地域福祉権利擁護事業）の実施主体は，都道府県社会福祉協議会である。

［障害者福祉論］
□障害者の居宅介護については，障害者自立支援法により国の費用負担が義務づけられた。
□障害程度区分は，介護の必要性を客観的に示す区分として，106個の調査項目の調査結果に基づき認定されるものである。

［リハビリテーション論］
□リハビリテーションの語源には，名誉の回復・権利の復権・犯罪者の社会復帰の意味が含まれる。
□国連総会にて，1975年に障害者の権利宣言（国連総会議決3447）が決議された。
□廃用症候群の症候として深部静脈血栓症がみられる。
□脳血管障害による右片麻痺の場合，言語障害をともなうことが多い。
□脳血管障害による左片麻痺の場合には，失認，失行をともないやすい。
□片麻痺がある場合，階段は，患脚から降りた方が安全である。
□交互昇降のできない片麻痺のある人が階段を降りるときは，麻痺側下肢から一段降ろし，次に健側下肢を同じ段に降ろす。

［社会福祉援助技術］
□ケースワークでの面接の構成要素として，問題，場（機関），過程，人の四つを挙げることがある。
□集団援助技術（グループワーク）の展開を図る順序は，1目標の明確化，2集団内の感情調整，3プログラム活動計画化への援助，4対社会活動への援助，5記録のまとめと総合評価などである。
□地域援助技術（コミュニティワーク）は，間接援助技術の一つである。

［レクリエーション活動］
□レクリエーション活動は，利用者の個別化が重要であり，リハビリテーションの目指す方向と一致する。
□老人ホームにおいて行事・文化活動を進めるときには，参加者の特技をい

かして，指導者として活用する。
☐レクリエーション活動での自立が実現不可能と思われる人にも支援することが，レクリエーション援助の基本である。
☐レクリエーション活動の援助者は障害者自立支援法に基づく市町村地域支援事業において，体力増進を目的とした，障害者スポーツ大会の開催を試みる。

[人間の成長発達と心理的理解]
☐ピアジェ（Piaget, J.）は，乳児から大人に至るまでの認知発達過程を，①感覚運動期　②前操作期　③具体的操作期　④形式的操作期の四つの段階に分けた。
☐ユング（Jung, C.）は，人生を一日の太陽の運行に例え，人生の午前（成人期）から午後（中年期）への移行期として，中年期の転換期が人生最大の危機になると考えた。
☐フロイト（Freud, S.）は，リビドー（性的エネルギー）のあり方をもとに発達を考えた。
☐ハヴィガースト（Havighurst, R.）は，発達課題は自然に解決されるものではなく，個人の「成熟」や「社会的圧力」に加え，それを解決しようとする個人の「意欲」が必要であるとした。
☐ライカード（Reichard, S.：ライチャードとも表記される）は，高齢者の性格類型として①円熟型（自己受容，将来への関心，積極的社会参加），②安楽いす型（受容，いたわりを好む，受動的・消極的），③防衛型（不安・拒否感），④自責型（自責の念），⑤憤慨型＜敵意型＞（他人を攻撃，受容できない，死への恐れ）を考えた。
☐ニューガーテン（Neugarten, B.）は，高齢者の性格類型として①統合型（柔軟な受容，情緒安定），②装甲―防衛型（反動から積極的活動―社会活動縮小），③受身―依存型（受動的受容），④非統合型（精神機能・情動低下，適応不良）を考えた。
☐マズロー（Maslow, A.H.）の欲求5段階は，生理的欲求，安全欲求，社会的欲求，帰属欲求，自己実現欲求であり，ピラミッドの底辺ほど，欲求が原

初的である。
□流動性知能とは，新たなものにチャレンジする能力であり，動作の視覚的な正確さやスピードなどに関連した能力である。
□ビネー式知能検査は 120 問が設定され，思考，言語，記憶，数量などの問題からできているものである。
□老人の結晶性知能は，青年期で発達が止まるのでなく，中年になっても上昇し続ける。
□脳の器質的変化をともなう認知症の疾患にかかるとパーソナリティに変化が起こる。
□リアリティ・オリエンテーションは，認知症高齢者の場合，残存している能力へ働き掛けるものである。
□肢体不自由者の先天性の障害者では，障害が重いほど自己の障害を過小に評価する傾向がある。
□音声言語習得の中途失明者の場合，時間が経つと発音の明瞭度は低下することが多い。
□ピック病は，アルツハイマー型認知症や，脳血管性認知症でもない認知症である。
□ピック病は若年性認知症のひとつで，性格の変化や理解不能な行動が特徴。

[医学]
□糖尿病はインスリンの分泌不足が原因であり，空腹時の正常値は 60〜110 mg／dL である。
□糖尿病は生活習慣病の一つである。
□糖尿病の合併症として眼底出血がみられることがある。
□糖尿病の合併症として狭心症もある。
□脊椎圧迫骨折は重いものを持ち上げたときに起こりやすく，高齢者に多い。
□乳がんは男性にもみられる。
□前立腺がんは，排尿障害を起こしやすい。
□最近死亡率が増えているがんは大腸がん（男女）と乳がん（女性）である。
□胃がんの罹患率は，昭和 50 年代に比べると現在は低下した。

□肺がんのうち扁平上皮がんは，喫煙との関係が深い。
□痛風患者には，高血圧や高脂血症などの合併頻度が高い。
□痛風と拇趾基関節炎とは関係がある。
□痛風の急性関節炎は足の親指に起こることが多い。
□高齢者に多い感染症として呼吸器系と尿路系が多い。
□ノロウイルス感染症は，感染症法で5類感染症に位置づけられた「感染性胃腸炎」の一つである。
□パーキンソン病は，無動，固縮，振戦（しんせん），姿勢反射障害の4運動徴候が主症候である。
□パーキンソン病は，医療費の公費負担制度がある特定疾患である。
□寝たきりの人が体位変換をすることにより予防につながる疾患として肺炎がある。
□白血球数 5500/μL は正常値の範囲である。　　参考：1μL（マイクロリットル）と 1mm^3 は同じ体積，1 リットルの 100 万分の 1
□赤血球数 480 万/μL は正常値の範囲である。
□高齢者の廃用症候群の症状として尿失禁がある。
□前立腺肥大症では頻尿が起こりやすい。
□前立腺肥大症の初期には，膀胱刺激症状としての頻尿がみられることが多い。
□慢性関節リウマチに使われる薬として消炎鎮痛剤がある。
□慢性関節リウマチでは抗消炎剤による治療が行われる。
□交感神経が興奮した場合，血圧は上昇する。
□労作性狭心症は動脈硬化が関与している。
□老人保健事業には，機能訓練や訪問指導が含まれる。

［精神保健福祉］
□老年期のうつ病では自責的な考えをもつことがある。
□統合失調症と躁鬱病（気分障害・感情障害）とを合わせて二大精神病と呼ぶ。
□統合失調症の症状は，幻覚，妄想を主とした陽性症状と，感情の平板化，意欲の欠如などを主とした陰性症状とに大きく分けられる。

□認知療法は，うつ病の治療に用いられる。
□不安神経症では一般的に妄想はともなわない。
□「寝る前に戸締まりをしなかったのではないかと何度も見て回らないと気がすまない」のは強迫神経症の症状である。
□毎日2～3合の晩酌をしている人をアルコール依存症者とは呼ばない。
□アルコール依存症で認知症を誘発することがある。
□てんかん発作が弱まり，呼吸が回復してきたら，側臥位をとらせて，嘔吐物による窒息を予防する。
□精神障害者生活訓練施設では入所による社会復帰訓練をおこなう。
□精神障害者地域生活援助事業とはいわゆる「グループホーム」のことである。
□精神障害者社会適応訓練事業では通院患者へのリハビリテーションがおこなわれる。

［介護概論］
□高齢者の食事量は，年齢よりも活動量を重視する。
□食事を自分で選んで食べる行為は，自己決定として重要な行為である。
□労働基準法では，労働者の業務上の負傷，疾病に関する雇い主の療養補償責任について規定している。
□常時50人以上の労働者を使用する事業所では，労働安全衛生法（第12条）により衛生管理者の配置が義務づけられている。

［介護技術］
□介護でのコミュニケーションで，相手に関心をもっていることを示すには，誠実な態度で相手の方へ少し体を傾ける姿勢などが好ましい。
□在宅高齢者の部屋を冷房する場合，外気の温度によって，こまめに温度を調整することが望ましい。
□体位の保持に用いるクッションは，耐久性に富み，衛生的であることなどを考慮して選び，部位や姿勢によって使い分ける。
□高齢になるにつれて尿道付近の括約筋が緩くなるので，排尿を我慢するの

が難しくなってくる。
- □レム睡眠とは，筋肉が弛緩し，身体はぐったりしているのに脳は覚醒に近い状態で，そのときに夢を見ていることが多いといわれる睡眠である。
- □レム睡眠とは，身体は休息状態なのに，脳は覚醒に近い状態で活動している睡眠のことである。
- □湯たんぽはカバーで覆い，身体から10～15 cm離した位置に置く。
- □側臥位のときでも，麻痺のある上下肢はできるだけ良肢位に保つ。
- □局所の清拭は褥瘡（床ずれ）の予防に役立つ。

[形態別介護技術]
- □介護者の肩を借りて歩行できる片麻痺高齢者の場合には，介護者は高齢者の健側に立つよう心掛ける。
- □認知症高齢者がショートステイから退所するときは，これからの介護のことを考え，ホームヘルパーと連絡をとる。
- □認知症のある人には，その人の動作・行為のペースに合わせて介護する。
- □視覚障害者を誘導して電車に乗るときは，介護者が片足を車内に入れて，その後視覚障害者を導く。
- □読話とは，聴覚障害者に対して発話者の口唇周辺の動きから音声を推測する方法のことをいう。
- □聴覚障害者の読話によるコミュニケーションでは1～1.5 m離れることが読話に最適の距離である。
- □話し言葉だけで会話が困難な構音障害では，50音表を用いるなどする。
- □精神障害者のグループホームでは，世話人を配置して食事の世話，服薬指導などの日常生活の援助が行われている。

*

　どうでしたか？　実は，上記項目は，現段階ではすべて正しい（○）とされているものです。しかし，今後，対応形態の変化，研究の進展などにともなって考え方が変化してくる可能性があります。常に新しい情報が入るようにしておく必要があるでしょう。どこの現場でも，こう着した介護観・看護観では対応ができなくなります。概念崩しをやりながら，新たな介護観・看護

観を作り上げていく必要がありますので，わたしたちのスキーマを柔軟にしておく必要があるでしょう．今後のみなさんの活躍を期待します．

<情報ボックス 10-2>

人名と用語確認
【発達】
ゲゼル，A.L.　　　成熟優位説：成熟を待ってから学習（教育）しよう
ワトソン，J.B.　　環境優位説：学習すると発達はついてくる
ピアジェ，J.　　　認知・知能の発達4段階：同化と調節による均衡化
フロイト，S.　　　発達6段階：リビドーに基づく要求の充足のあり方から分類
　　　　　　　　　口唇期（0〜1），肛門期（1〜3），男根期（3〜5），潜伏期（5〜11），思春期（11〜16），性器期（成人）
エリクソン，E.H.　心理社会的発達8段階：ライフサイクルの危機課題
ボウルビィ，J.　　アタッチメント（愛着）

【高齢者パーソナリティタイプ】
ライカード（ライチャード），S.
　　円熟型　　　　　　　　　：自己受容，将来への関心，積極的社会参加
　　依存型（安楽いす型）　　：責任解放，受容，いたわりを好む
　　防衛型　　　　　　　　　：不安・拒否感
　　自責型　　　　　　　　　：自責の念
　　他罰的憤慨型（敵意型）　：他人を攻撃

【心理検査】
ビネー，A.　　　　知能検査の登場：フランスでお金をかけずに教育の最大効果をもたらすために知的発達の遅れた子どもを識別しようとした．ビネー式知能検査（精神年齢・生活年齢）
ターマン，L.M.　　スタンフォード改訂ビネー・シモン知能尺度

$$知能指数 = \frac{精神年齢（MA）}{生活年齢（CA）} \times 100$$

田中寛一　　　　　田中ビネー式知能検査：1987年版までは知能指数を算出したが，田中ビネー知能検査Vでは，14歳以上の被験者には精神年齢を算出せず，偏差値知能指数．
ロールシャッハ，H.　ロールシャッハ・テスト：インクのしみ

マレー，H.A.　　　　TAT（CAT：児童用）：20枚の絵 → 過去・現在・未来にわたる物語を作ってもらう

【心理療法】
ロジャーズ，C.R.　　クライアント中心療法：自己一致，共感的理解
ミニューチン，S.　　家族療法構造派：母子密着 → 家族構造を重視
ヘイリー，J.　　家族療法戦略派：
　　　　　家族関係病理 … 家族システムが病理的，関係支配をめぐる争い
　　　　　治療方法 … 戦略的な介入，システムの変容の結果としての症状の消失
サティア，V.　　合同家族療法
クライン，M., フロイト，A.　　遊戯療法　児童分析（精神分析）
アレン，F.H.　　遊戯療法　関係療法
アクスライン，V.M.　　遊戯療法　非指示療法：治療者は非指示的
モレノ，J.L.　　心理劇（サイコドラマ）：
　　　　5要素 … 監督・補助自我・演者・観客・舞台
　　　ソシオメトリー
森田正馬　　森田療法：あるがまま　　森田神経質
　　　　　入院式森田療法 … 絶対臥褥期・軽作業・中作業・重作業

あ と が き

　心のしくみは，個人内で完結するものではなく，人と人のかかわりの中で育っていくものです。個人内は比較的単純であっても，単純な個人がかかわりあうことによって複雑な現象が出現してきます。それが，人と人の間と記される「人間」の面白いところでしょう。これからも，かかわりを通して，心のしくみを楽しんでいただけたら，と思います。
　今，社会では，介護・看護の現場で働くということに目が向けられています。非常によいことだと思います。現代社会の中で，人間関係にかかわる介護・看護・教育の分野は，政治的，経済的いろいろな理由から対応が後手にまわっている分野です。したがって，介護・看護の現場に社会の目が向くというのは，これからの介護・看護のあり方を考える意味でも歓迎すべき動向だと思います。しかしながら，社会が不況になり，他の業種でうまくいかなかったから介護や看護の世界に入ろう，というほどこれらの業界も甘くはありません。というのは，介護，看護（そして，教育も）は人間を相手にする世界だからです。人とのかかわりの中で生計を立てるのは，非常に魅力的であるとともに，現代人にとってはきわめて不確定要素の多い，ストレスフルで危険な業界なのです。それだけ現代人は人間関係において耐性ができていないのかもしれません（高度経済成長の中で，人間関係に困ったら金で弁護士などの専門家に頼み，面倒なことは避け，効率を優先させてきました）。少なくとも，介護・看護の業界で金もうけができるとは考えない方がよいでしょう。
　しかし，実際に，この社会では高齢化が進んでいます。介護や看護がしっかりしていないと，わたしたちが生きている社会自体が崩れてしまうでしょう。老齢になってから，また，体調が悪くなってから，何とかしてくれ，と叫んでも，時すでに遅し，です。私事ですが，この本の原稿を書いている最中の年の瀬に（よりにもよってクリスマス・イヴでした），意識を失い救急車

で病院に運ばれました。幸いにも大したことはなく，CT画像を自分でも確認できたのでよかったのですが，イヴの夜中まで働いている医療スタッフには感謝しました。医療現場や介護現場での勤務システムに関しては，早急な対応が必要でしょう。そして，検査室に行く途中，看護師が「あまりコンピュータにかかりきりにならない方がよいですよ」といいながら，「そうはいっても仕事ですからしょうがないですね」と付け加えてくれたのでリラックスできました。医療や介護では，治療技術とともにコミュニケーションによる対人関係スキルが大きな要因となるということを，身をもって体験しました。

　本書を執筆するに当たって，帝京医療福祉専門学校（米山委月先生はじめスタッフの皆様そして学生諸君），富士吉田看護専門学校などのみなさんにご協力をいただきました。とくに，7章の調査研究に関しては，日本興亜福祉財団のサポートをはじめ，ご協力いただいた施設のスタッフ，入居者の皆さん，大学生，高校生たちに，記して感謝いたします。

2010年1月10日
岡林　春雄

参 考 文 献

Antonucci, T.C. (1985). Personal characteristics, social support, and social behavior. In R.H. Binstock & E. Shanas (Eds.), *Handbook of aging and the social sciences*. 2nd ed. (pp.94-128). New York: Van Nostrand Reinhold.

Antonucci, T.C. (1990). Social support and social relationships. In R.H. Binstock & L.K. George (Eds.), *Handbook of aging and the social sciences*. 3rd ed. (pp.205-226). San Diego, CA: Academic Press.

Atkinson, R.C. & Shiffrin, R.M. (1968). Human memory: A proposed system and its control proceses. In K.W. Spence, & J.T. Spence (Eds.), *The psychology of learning and motivation: Advances in research and theory* (Vol.2), New York: Academic Press.

Baddeley, A.D. (1986). *Working memory*. Oxford: Clarendon Press.

Bandura, A. (1971). *Social Learning Theory*. New York: General Learning Press.

Beck, A.T. (1987). Cognitive therapy. In J.K. Zeig (Ed.), *The evolution of psychotherapy*. New York: Mark Paterson and Brunner/Mazel Inc. 成瀬悟策（監訳），1989，21世紀の心理療法 (pp.255-279)，誠心書房

Bowlby, J. (1969). *Attachment and loss: Attachment* (Vol. 1). New York: Basic.

Cattell, R. B. (1971). *Abilities: Their Structure, Growth, and Action*. Boston: Houghton Mifflin.

Ellis, A. (1958). Rational psychotherapy. *Journal of General Psychology*, **59**, 35-49.

Ellis, A. (1991). The revised ABC's of rational-emotive therapy (RET). *Journal of Rational-Emotive & Cognitive - Behavior Therapy*, **9**, (3), 139-172.

Erikson, E.H. (1968). *Identity: Youth and Crisis*. New York: Norton.

Freud, S. (1923). *The ego and the Id*. New York: W.W. Norton & Company.

深田博己 (1998). インターパーソナル・コミュニケーション：対人コミュニケーションの心理学，北大路書房

Gendlin, E.T. (1961). Experiencing: A variable in the process of therapeutic change. *American Journal of Psychotherapy*, **15** (2), 233-245.

Gendlin, E.T. (1978). *Focusing*. New York: Everest House.

Harlow, H.F. (1962). Development of affection in primates. In E.L. Bliss (Ed.), *Roots of behavior* (pp. 157-166). New York: Harper.

Harlow, H. F. (1958). The nature of love. *American Psychologist*, **13**, 573-585.

Hartley, E.L. & Hartley, R.E. (1952). *Fundamentals of social psychology*. New York: Alfred A. Knopf.

長谷川和夫（2006）．認知症の知りたいことガイドブック，中央法規出版
Hull, C. L. (1943). *Principles of behavior.* New York: Appleton-Century-Crofts.
池谷裕二（2009）．単純な脳，複雑な「私」，朝日出版社
Ingersoll-Dayton, B. & Antonucci, T.C. (1988). Reciprocal and nonreciprocal social support: Contrasting sides of intimate relationships. *Journal of Gerontology*, **43** (3), S65-73.
石川　晃（1999）．資料　配偶関係別生命表：1995年，人口問題研究，**55** (1), 36-60.
Jaquish, G.A. & Ripple, R.E. (1981). Cognitive creative abilities and self-esteem across the adult life-span. *Human Development*, **24** (2), 110-119.
Jenkins, J.J. (1974). Remember that old theory of memory? Well, forget it! *American Psychologist*, **29**, 785-795.
Jensen, A. R. (1969). How much can we boost I.Q. and scholastic achievement? *Harvard Educational Review*, **39**, 1-123.
河合千恵子・下仲順子（1992）．老年期におけるソーシャル・サポートの授受：別居家族との関係の検討，老年社会科学，**14**，63-72.
金　恵京・杉澤秀博・岡林秀樹・深谷太郎・柴田　博（1999）．高齢者のソーシャル・サポートと生活満足度に関する縦断研究，日本公衆衛生雑誌，**46** (7), 532-541.
Kirschenbaum, H. & Henderson, V.L. (1989). *The Carl Rogers reader.* New York: Houghton Mifflin. 伊藤　博・村山正治（監訳），2001，ロジャーズ選集（下），誠信書房
Krause, N., Herzog, A.R., & Baker, E. (1992). Providing support to others and well-being in later life. *Journal of Gerontology*, **47** (5), 300-311.
Lewis, M.D. (2000). Emotional self-organization at three time scales. In Lewis, M.D. & Granic, I. (Ed.) *Emotion, development, and self-organization* (pp.37-69). Cambridge University Press.
Lorenz, K. (1935). Der Kumpan in der Umwelt des Vogels. Der Artgenosse als auslösendes Moment sozialer Verhaltensweisen. *Journal für Ornithologie.* **83**, 137-215, 289-413.
McGuire, W. (1974). The Freud/Jung letters: The correspondence between Sigmund Freud and Carl Gustav Jung. 平田武靖（訳），1980，1987，フロイト／ユング往復書簡集〈上〉〈下〉，誠信書房
Maslow, A.H. (1943). A theory of human motivation. *Psychological Review*, **50**, 370-396.
増地あゆみ・岸　玲子（2001）．高齢者の抑うつとその関連要因についての文献的考察：ソーシャルサポート・ネットワークとの関連を中心に，日本公衆衛生雑誌，**48** (6), 435-448.

Miller, G.A. (1956). The magical number seven, plus or minus two: Some limits on our capacity for processing information. *Psychological Review*, **63**, 81-96.
Miller, N.E. & Dollard, J. (1941). *Social learning and imitation*. New Haven, CT: Yale University Press.
Mischel, W. (1968). *Personality and assessment*. New York: Willey.
Moustakas, C. (1985). Humanistic or humanism? *Journal of Humanistic Psychology*, memory **25** (3), 5-12.
Moyers, B. (1993). *Healing and the mind*. New York: Doubleday. 小野善邦 (訳), 1994, こころと治癒力―心身医療最前線, 草思社
Newsom, J.T., Nishishiba, M., Morgan, D.L., & Rook, K.S. (2003). The relative importance of three domains of positive and negative social exchanges: A longitudinal model with comparable measures. *Psychology and Aging*, **18** (4), 746-754.
日本老年精神医学会 (監修) (2001). アルツハイマー型痴呆の診断・治療マニュアル, 東京:ワールドプランニング
岡林春雄 (1995). 認知心理学入門:その基礎理論と応用, 金子書房
岡林春雄 (1997). 心理教育, 金子書房
岡林春雄 (2005). 地域に生きる高齢者の人間関係:「2015年問題」に向けて 山梨大学教育人間科学部紀要, **7** (1), 181-188.
岡林春雄 (2008). パーソナリティは認知と感情の相互作用から自己組織化する:パーソナリティ形成・発達理論への新視点, 岡林春雄 (編) 心理学におけるダイナミカルシステム理論 (pp.82-101), 金子書房
Okun, M.A. & Keith, V.M. (1998). Effects of positive and negative social exchanges with various sources of depressive symptoms in younger and older adults. *Journals of Gerontology Series B: Psychological Sciences and Social Sciences*, **53B** (1) 4-20.
折茂 肇 (1999). 老年病の成り立ちと特徴, 折茂 肇 (編集代表), 吉川政己・今堀和友・原澤道美・前田大作 (編集顧問) 新老年学 (第2版) (pp.321-335), 東京大学出版会
Perls, F. (1969). *Ego, Hunger, and Aggression: the Beginning of Gestalt Therapy*. New York: Random House (originally published in 1947)
Perls, F., Hefferline, R., & Goodman, P. (1951). *Gestalt therapy: Excitement and growth in the human personality*. New York: Julian.
Petersen, R.C. (2006). Mild cognitive impairment is relevant. *Philosophy, Psychiatry, & Psychology*, **13** (1), 45-49.
Piaget, J. (1954). *The construction of reality in the child*. New York: Basic Books.
Rook, K.S. (1984). The negative side of social interaction: Impact on psychological well-being. *Journal of Personality and Social Psychology*, **46** (5), 1097-1108.
Rook, K.S. (1987). Reciprocity of social exchange and social satisfaction among older

women. *Journal of Personality and Social Psychology,* **52** (1), 145-154.

Rook, K.S. (1994). Assessing the health-related dimensions of older adults' social relationships. In M.P. Lawton & J.A. Teresi (Eds.), *Annual review of gerontology and geriatrics* (pp.142-181). Vol.14, New York: Springer.

Rook, K.S. & Pietromonaco, P. (1987). Close relationships: Ties that heal or ties that bind? *Advances in Personal Relationships,* **1**, 1-35.

Rosenberg, M. (1965). *Society and the adolescent self-image.* Princeton, NJ: Princeton University Press.

Rotter, J. B. (1954). *Social Learning and Clinical Psychology.* New York: Prentice-Hall.

Russell, E.S. (1945). *The directiveness of organic activities.* Cambridge University press.

Scammon, R.E. (1930). The measurement of the body in childhood. In Harris, J.A., Jackson, C.M., Paterson, D.G., & Scammon, R.E. (Eds.), *The measurement of man* (pp.173-215). Minneapolis: University of Minnesota Press.

Shannon, C.E. & Weaver, W. (1949). The mathematical theory of communication. Urbana, IL : University of Illinois Press.

下仲順子（1997）．人格と加齢，下仲順子（編）老年心理学（現代心理学シリーズ）(pp.62-76)，培風館

進藤貴子（2004）．人格の生涯発達，一番ヶ瀬康子（監修），下仲順子・中里克治（編著）高齢者心理学（pp.101-111），建帛社

Skinner, B.F. (1948). *Walden Two.* Indianapolis: Hackett Publishing Company. 宇津木保（訳），1969．心理学的ユートピア，誠信書房

Sullivan, H.S. (1947). *Conceptions of modern psychiatry.* Washington, D.C.: William Alanson White Foundation.

田邉敬貴（2000）．痴呆の症候学：神経心理学コレクション，医学書院

Thelen, E., Corbetta, D., Spencer, J. (1996). The development of reaching during the first year: The role of movement speed. *Journal of Experimental Psychology: Human Perception and Performance,* **22**, 1059-1076.

Thomas, W.I. (1937). *Primitive behavior.* New York: McGraw-Hill.

Thurstone, L. L. (1938). *Primary mental abilities.* Chicago: University of Chicago Press.

Torrance, E. P. (1962). *Guiding creative talent.* Englewood Cliffs, NJ: Prentice Hall.

鶴崎俊哉・穐山富太郎・田原弘幸（1996）．性差および兄弟の有無が小児発達に及ぼす影響について，長崎大学医療技術短期大学部紀要，**9**，27-29.

Walster, E., Berscheid, E., & Walster, G.W. (1976). New directions in equity research. In L. Berkowitz (Ed.), *Advances in experimental social psychology* (pp.1-42). Vol.9, New York: Academic Press.

Weaver, W. (1949). The mathematics of communication. *Scientific American,* **181**, 11-15

全国キャラバン・メイト連絡協議会 (2005). キャラバン・メイト養成研修テキスト, NPO 法人地域ケア政策ネットワーク

人名索引

A
アダムス（Addams, J.） 167
穐山富太郎 6
アレン（Allen, F.H.） 175
アントヌッチ（Antonucci, T.C.） 112
アリストテレス（Aristotelēs） 131
アトキンソン（Atkinson, R.C.） 61
アクスライン（Axline, V.M.） 175

B
バドレー（Baddeley） 146
Baker, E. 111
バンデューラ（Bandura, A.） 37, 138
バザーリア（Basaglia, F.） 126
ベック（Beck, A.T.） 119
バーン（Berne, E.） 116
Berscheid, E. 111
ビネー（Binet, A.） 174
ボウルビィ（Bowlby, J.） 8, 174
ブルーナー（Bruner, J.S.） 41

C
キャッテル（Cattell, R.B.） 44
チョムスキー（Chomsky, N.） 138

D
デカルト（Descartes, R.） 131
ダラード（Dollard, J.） 36, 138

E
アインシュタイン（Einstein, A.） 45
エリス（Ellis, A.） 119-122

エリクソン（Erikson, E.H.） 14, 16, 27, 32, 34, 134, 161, 174

F
フォルサム（Folsom, J.C.） 42
フロイト，アンナ（Freud, A.） 134, 175
フロイト（Freud, S.） 20, 21, 29, 32, 133, 134, 162, 169, 174
フロム（Fromm, E.） 134
深田博己 51
深谷太郎 111

G
ジェンドリン（Gendlin, E.T.） 118
ゲゼル（Gesell, A.L.） 40, 174
Goodman, P. 118

H
ヘイリー（Haley, J.） 175
ハーロウ（Harlow, H.F.） 8
ハートレイ（Hartley, E.L.） 56, 67
ハートレイ（Hartley, R.E.） 56, 67
長谷川和夫 83, 84
ハヴィガースト（Havighurst, R.） 169
Hefferline, R. 118
Henderson, V.L. 119
Herzog, A.R. 111
ホーナイ（Horney, K.） 134
ハル（Hull, C.L.） 36

I
池谷裕二　14, 140
石川　晃　25

J
ヤクイッシュ（Jaquish, G.A.）　45
Jenkins, J.J.　139
ジェンセン（Jensen, A.R.）　39
ユング（Jung, C.G.）　133, 169

K
カント（Kant, I.）　131
河合千恵子　111
Keith, V.M.　112
金　恵京　111
Kirshenbaum, H.　119
岸　玲子　110
クライン（Klein, M.）　175
コフカ（Koffka, K.）　136
ケーラー（Köhler, W.）　37, 136
コノプカ（Konopka, G.）　167
Krause, N.　111

L
レヴィン（Lewin, K.）　37, 136
ルイス（Lewis, M.D.）　47
ローレンツ（Lorenz, K.）　8

M
マズロー（Maslow, A.H.）　22, 85, 118, 149, 169
増地あゆみ　110
Mischel　25
ミラー（Miller, N.E.）　36, 138
ミラー（Miller, G.A.）　61, 162
ミニューチン（Minuchin, S.）　175
モレノ（Moreno, J.L.）　175
Morgan, D.L.　112

森田正馬　118, 175
ムスターカス（Moustakas, C.）　118
モイヤーズ（Moyers, B.）　124
マレー（Murray, H.A.）　175

N
ニューガーテン（Neugarten, B.）　169
Newsom, J.T.　112
Nishishiba, M.　112

O
岡林春雄　24, 68, 82, 112, 149
岡林秀樹　111
Okun, M.A.　112
折茂　肇　48

P
パブロフ（Pavlov, I.P.）　36
パールズ（Perls, F.S.）　118, 142, 143
Petersen, R.C.　85
ピアジェ（Piaget, J.）　24, 27, 29, 31, 32, 35, 40, 87, 139, 169, 174
Pietromonaco, P.　112
プラトン（Platon）　131

R
ライカード（ライチャード，Reichard, S.）　169, 174
リーマン（Remen, R.N.）　124
リプル（Ripple, R.E.）　45
ロジャース（Rogers, C.R.）　118-120, 142, 143, 158, 175
ルック（Rook, K.S.）　111, 112
ロールシャッハ（Rorschach, H.）　174

ローゼンバーグ（Rosenberg, M.） 47
ロッター（Rotter, J.B.） 36
ラッセル（Russell, E.S.） 38

S
サティア（Satir, V.） 175
スキャモン（Scammon, R.E.） 38
シャノン（Shannon, C.E.） 52
柴田　博　111
シフリン（Shiffrin, R.M.） 61
下仲順子　48，111
進藤貴子　48
スキナー（Skinner, B.F.） 36，137，138
ソクラテス（Socrates） 131
シュテルン（Stern, W.） 40，41
杉澤秀博　111
サリヴァン（Sullivan, H.S.） 48，54，66，134

T
田原弘幸　6
田邉敬貴　83
田中寛一　174

トールビー（Taulbee, L.） 42
ターマン（Terman, L.M.） 174
テーレン（Thelen, E.） 4
Thomas, W.I.　53，54
ソーンダイク（Thorndike, E.L.） 36，138
サーストン（Thurstone, L.L.） 44
トールマン（Tolman, E. C.） 37
トーランス（Torrance, E.P.） 45
鶴崎俊哉　6

V
ヴィゴツキー（Vygotsky, L.S.） 41

W
Walster, E.　111
Walster, G.W.　111
ワトソン（Watson, J.B.） 40，41，134，135，174
ウィーヴァー（Weaver, W.） 52，53
ウエクスラー（Wechsler, D.） 165
ウエルトハイマー（Wertheimer, M.） 136
ヴント（Wundt, W.） 132，133

事項索引

あ行

アイデンティティ　14
アタッチメント　8
アテンション　61
アドボカシー　153
アニミズム　30
アルツハイマー型認知症　150
閾値（一定水準）　39
意識心理学　132
遺伝的要因による成熟　39
イド　20
いやし　124
陰性転移　157
インプリンティング　8
ウエクスラー知能診断検査　165
ウェルビーイング　85
エゴ（自我）　20
S－R心理学　137
エディプス・コンプレックス　162
エンカウンターグループ　118
エンコーディング　52
オペラント条件づけ　36

か行

回想法　42
解読化　52
外発的動機　22
学習　35
学習性無力感　12
仮現運動　136
空の巣症候群（empty-nest syndrome）　157
感覚運動期　27

環境閾値説　39
環境的要因による学習　39
観察学習　36, 37
感情　47
記憶障害　42
記銘　42
逆転移（counter-transference）　117, 157
逆行健忘　43
共感的理解　74, 119
去勢不安　163
均衡化　32
具体的操作期　29
形式的操作期　30
傾聴スキル　74
血管性認知症　144
結晶性知能　44
ゲシュタルト心理学　135
言語性知能　165
効果の法則　36
合計特殊出生率　153
口唇期　29
行動主義心理学　134
行動の学習　117
行動療法　117
衡平理論　111
互恵性　111
固着　163
コンサマトリー性コミュニケーション　60

さ行

在院日数の長さ　126

サイン・ゲシュタルト説　37
散布度　79
参与観察　114
自我　27
自我同一性　33
自我の発達　9
試行錯誤説　36
思考の悪循環　122
自己実現欲求　85
自己主張スキル　73
自己中心性　30, 31
自尊・承認欲求　85
自尊感情（self-esteem）　47
実際にはBによってCが起こっている　121
児童期　12
児童期（勤勉　対　劣等感）　33
社会的欲求　85
受験　41
受容　74, 119
受容・共感的理解　119, 120
順行性健忘　43
準備段階（readiness：レディネス）　40
生涯発達心理学　15
象徴（シンボル）機能　30
情緒的サポート　110
小児性欲　163
シンボル機能　30
心理教育　117
衰退　3
スキーマ　64
スキーマとは無意識に作用する枠組みをもった既有情報　64
スーパーエゴ　20
成熟期・老年期（統合性　対　絶望）　34
成熟優位説　40

成人期　15
成人期（生殖性　対　自己没頭）　34
精神病床数の多さ　126
精神分析学　133
精神分析療法　117
成長　3
青年期（同一性　対　同一性拡散）　33
青年期後期　14
青年期前期　13
宣言型表現　149
前成人期（親密さ　対　孤立）　33
前操作期　29
想起　42
操作　29, 32
創造性　45
ソーシャルサポート　112

　　　　た　行

対象物の永続性　30
代表値　79
達成性コミュニケーション　60
脱中心化　29
短期貯蔵庫　61
短期貯蔵庫の容量には限界がある　61
中心化　30
長期貯蔵庫　62
調節　24, 31
デコーディング　52
データ処理　79
手続き型表現　149
転移　117, 157
同一性拡散　33
投影（projection）　157
同化　24, 31
道具的コミュニケーション　60
統合失調症　126

動作性知能　165
洞察学習　136
洞察説　37
特性論　25

な　行

内発的動機　22
何か新しい独創的なものを生み出すこと　45
乳児期　7
乳児期（基本的信頼　対　不信）　32
人間-状況論争　25
人間性心理学　118
認知　27
認知心理学　138
認知行動療法　119
認知症　144-151
認知療法　119
脳血管性認知症　150
ノーマライゼーション　153

は　行

パーソナリティ　47
パーソナリティ検査　115
パターナリズム　154
パターン認識　61
発達の異速性　38
発達の分化・統合　39
発達の方向性　38
発達の連続性　38
場理論　37, 136
反抗期　9
非指示療法　118
悲嘆反応　157
BPSD　155
φ現象　136
輻輳説　40
符号化　52

ペニス羨望　163
ヘルスプロモーション　154
変性性認知症　144
保持　42
保存　31
保存の概念　29, 31

ま　行

燃え尽き症候群　157
模倣学習　36
モラトリアム　14
森田療法　118, 119

や　行

優越感　12
幼児期　8
幼児後期（積極性　対　罪悪感）　33
幼児前期（自律性　対　恥・疑惑）　32
欲求階層理論　22

ら　行

来談者中心療法　118
ライフサイクル　16
ラポール　57
リアリティ・オリエンテーション　42, 43
リーチング（手伸ばし）　4
リビドー　20
流動性知能　44
類型論　25
レスポンデント条件づけ　36
劣等感　12
レディネス　40
レビー小体型認知症　150
練習の法則　36
老年期　16
論理療法　119

わ　行

ワーキングメモリー　62
悪さをせず　11

● 著者紹介

岡 林 春 雄：Okabayashi, Haruo

1952年生まれ．
アメリカ合衆国・州立ジョージア大学大学院教育心理学専攻博士課程修了（1983年，Ph.D.取得）．
神戸市教育委員会心身障害児教育課嘱託（きこえとことばの教室），藤戸病院心理相談員，山梨大学講師・助教授・教授を経て，2017年4月より徳島文理大学人間生活学部心理学科教授．
主要著訳書：『教育心理学』（共著，山文社）
　　　　　Cognition in Individual and Social Contexts.（共著，North-Holland Elsevier）
　　　　　『スクール・バイオレンス』（共訳，日本文化科学社）
　　　　　『心の教育とカウンセリング・マインド』（共著，東洋館出版社）
　　　　　『マインド・スペース：加速する心理学』（共著，ナカニシヤ出版）
　　　　　『心理教育』（金子書房）
　　　　　『現代社会と人間：認知的社会臨床心理学』（北樹出版）
　　　　　『心理学におけるダイナミカルシステム理論』（編著，金子書房）
　　　　　『メディアと人間：認知的社会臨床心理学からのアプローチ』（金子書房）
　　　　　『最新　知覚・認知心理学：その現在と将来展望』（金子書房）

介護・看護の臨床に生かす　知っておきたい心のしくみ
──発達とコミュニケーションの心理学

2010年7月20日　初版第1刷発行　　　　　　　　　　　［検印省略］
2021年4月1日　初版第3刷発行

著　者　　岡　林　春　雄
発　行　者　　金　子　紀　子
発　行　所　　株式会社　金　子　書　房
〒112-0012　東京都文京区大塚3-3-7
電　話　03（3941）0111〔代〕
FAX　03（3941）0163
振　替　00180-9-103376
URL https://www.kaneshobo.co.jp

印　刷　新日本印刷株式会社
製　本　一色製本株式会社

© Haruo Okabayashi, 2010
Printed in Japan
ISBN 978-4-7608-2353-6　C3047

金子書房の心理学関連図書

最新　知覚・認知心理学　　　　　　　　　岡林春雄　著
　　──その現在と将来展望
　　　　　　　　　　　　　　　　　定価　本体3,000円（＋税）

メディアと人間　　　　　　　　　　　　　岡林春雄　著
　　──認知的社会臨床心理学からのアプローチ
　　　　　　　　　　　　　　　　　定価　本体2,400円（＋税）

心理教育　　　　　　　　　　　　　　　　岡林春雄　著
　　　　　　　　　　　　　　　　　定価　本体2,400円（＋税）

ニューロダイバーシティの教科書　　　　　村中直人　著
　　──多様性尊重社会へのキーワード
　　　　　　　　　　　　　　　　　定価　本体1,800円（＋税）

産業・精神看護のための
働く人のメンタルヘルス不調の　　　　近藤信子・萩　典子　編著
予防と早期支援
　　　　　　　　　　　　　　　　　定価　本体2,300円（＋税）

援助要請と被援助志向性の心理学　　　　水野治久　監修
　　──困っていても助けを求められない人の　　永井智・本田真大・
　　　理解と援助　　　　　　　　　　　飯田敏晴・木村真人　編
　　　　　　　　　　　　　　　　　定価　本体2,500円（＋税）

「主観性を科学化する」質的研究法入門　　末武康弘・諸富祥彦・
　　── TAEを中心に　　　　　　　　　　得丸智子（さと子）・
　　　　　　　　　　　　　　　　　　　村里忠之　編著
　　　　　　　　　　　　　　　　　定価　本体3,800円（＋税）

ナースのためのアサーション　　平木典子・沢崎達夫・野末聖香　編著
　　　　　　　　　　　　　　　　　定価　本体1,800円（＋税）

ナースのための心理学（全4巻）　　　　　岡堂哲雄　編
　1　看護の心理学入門　　　　　　　定価　本体1,800円（＋税）
　2　患者の心理とケアの指針　　　　定価　本体1,800円（＋税）
　3　パーソナリティ発達論
　　　　──生涯発達と心の危機管理　定価　本体2,000円（＋税）
　4　人間関係論入門　　　　　　　　定価　本体2,000円（＋税）